German Passages For Summary and Revision

M. R. Wild

Edward Arnold

First published 1980
by Edward Arnold (Publishers) Ltd
41 Bedford Square
London WC1B 3DQ

ISBN 0 7131 0450 3
British Library Cataloguing in Publication Data
Wild, Michael Robin
    German passages for summary and revision.
    1. German language — Spoken German
    I. Title
    438'.3'421   PF3112

ISBN 0-7131-0450-3

Acknowledgement
My grateful thanks are due to Mrs Elisabeth Powell and Miss Claudia Arft for reading the typescript and making many useful suggestions.

                                                              M. R. Wild

Printed in Great Britain by
Unwin Brothers Ltd
The Gresham Press
Old Woking, Surrey

Contents

Introduction

The German summary, reproduction piece or aural composition, as it is variously called, is a feature of many examinations and often regarded by students and teachers alike as a rather daunting exercise. A student who is required, after hearing a piece of German only twice, to précis it in that language, needs to have a reasonably sound knowledge of grammar and vocabulary, and to be well versed in comprehension and the productive use of German. The task is, however, less exacting than it seems once a few simple techniques have been acquired, and this book is designed to provide practice in this aspect of the German course. The pieces have all been specially written, and are suitable for the 'O'-level student, post 'O'-level student and those working for Stage One of the Royal Society of Arts. Some examination boards use this test at 'A/O' or 'A' level.

The student should be given regular practice in summarising in German, particularly in the year leading up to the examination. The examples in the section 'To the student', and the four short pieces that begin the collection are intended to lead gradually into the task and to give the student confidence.

The teacher can, at his discretion, make the summary easier to do in the following ways:

(i)   read the piece more than twice, in the early stages;

(ii)   go through the outline, checking that every word of it is understood;

(iii)   allow note-taking at any time;

(iv)   ensure, after the first reading, that students have understood the basic essentials of the subject matter;

(v)   do some précis practice in English, before tackling the German pieces, if students need this.

Examination regulations are of course more stringent, and the students will need to adapt to the following instructions as they gain expertise:

'The piece is read twice, slowly, with a pause of a minute or two between readings. The candidates must not attempt to take the passage down as a dictation, and they may make notes only during the pause between readings. They may not begin to write their summary until after the second reading has been completed.'

Pieces 3–30 also have follow-up material of various kinds for the student to tackle. A piece should obviously not be looked at until it has been used for summary practice, but after that the student

1

can use it to help with the extra material, which includes selected grammar points, exercises, comprehension questions (with English or German answers, or multiple-choice), continuation material and translation into German. While the summary can only be done in class the follow-up material is designed to be done as homework, and for this reason it is essential for students to have their own copy of this book.

To the student

Writing a summary of a spoken German passage is less exacting than it seems if you follow the techniques and hints that follow.

1 Comprehension

Listen very carefully to the readings. During the *first reading*, try to establish answers to these questions:

WHO?	(Who are the characters involved?)
WHEN?	(When does the story take place — day, night, past, present?)
WHERE?	(Where does the action, if any, happen — in town or country, in the air, at sea?)
WHAT?	(What is the basic story line?)

At this stage, you can still be thinking in English, and after the first reading you can jot down your answers to the above questions e.g.:

WHO?	Two boys — Hans, Michael
WHEN?	A fine day
WHERE?	The forest, near a TV transmitter, then a stream
WHAT?	Cycle trip through woods, picnic, finding their way; dam stream, Michael falls in, Hans takes a photo.

Add to this the German outline provided for 'A dip in the forest' (piece 11) and you have completed the first stage — comprehension — and have almost all the ingredients necessary for the next stage — expansion of the outline.

2

2 Expanding the outline

The *second reading* will bring the details of the piece into sharper focus. You should listen for verb forms, for phrases (as opposed to single words) which are not in the outline, but which are going to be essential to a smooth rendering of the original. You should study the outline more closely as you listen, and group the separate items into blocks, according to the sense. Each block should yield the framework of one complete sentence.

The outline, although designed to help you, only consists of a number of pegs on which to hang your version of the piece. The process of expanding the outline involves turning these notes (where verbs are left mainly in the infinitive) into proper sentences, each with at least one subject and finite verb. The latter should be in the Past or Imperfect tense ('er ging', 'wir zeigten' etc.) unless the sense dictates otherwise.

You can lean heavily on the outline, and practically ignore those parts of the story which it omits. In piece 21, for example, there is a fairly lengthy introduction about three Swiss mountain passes. Only one of them actually figures in the story proper, and you can afford to ignore the other two when writing your summary.

In the first instance, you should aim to write short, simple sentences. We will look at the question of more sophisticated sentences and constructions later on. For the moment, study the following example, to see how a very short, easy item can be dealt with:

Example 1

Letzten Montag regnete es stark. Herr Ahlers wollte den Zug um 8.17 Uhr. nehmen, aber er erreichte den Bahnhof erst um 8.18 Uhr. Der Zug war schon fort. Was konnte er machen? Der nächste sollte erst um 8.47 ankommen. Er würde zu spät zur Arbeit kommen.

Er lief auf die Straße und winkte. Ein Auto hielt an. Herr Ahlers hatte Glück, denn sein Chef saß am Steuer.

WHO?	Herr Ahlers, Chef.
WHEN?	Last Monday morning.
WHERE?	House, station, street.
WHAT?	1 Because of rain, Herr Ahlers missed train.
	2 Next one in half an hour.
	3 He would be late.
	4 He hitched a lift.
	5 It was his boss.

OUTLINE
Regnen — Montag — Herr Ahlers — verpassen — Zug — der

3

nächste — in einer halben Stunde — zu spät zur Arbeit kommen
— auf die Straße laufen — Auto anhalten — Glück — sein Chef

REDUCTION

From 66 words to 40:
Es regnete letzten Montag, und Herr Ahlers verpaßte seinen Zug.
Der nächste sollte in einer halben Stunde kommen. Er würde zu
spät zur Arbeit kommen. Er lief auf die Straße, und ein Auto hielt
an. Zum Glück war es sein Chef.

Normally, of course, you would not see the original piece, but
only hear it twice. Your version should be somewhere between one
half and two thirds the original length (and a suggestion of final
length is given with each outline. In an examination the reduction
is usually from about 250 to about 150 words).

In the above example the four questions establish all that is
needed, and the outline can now be tackled. What is clearly not
needed are the fussy details of time. Ahlers missed the train because
he arrived at 8.18 and it had left at 8.17. In jettisoning one third
or more of the original you can afford to be drastic as long as — in
this case — you retain the fact that Ahlers missed his train. To
help you towards this conciseness the outline provides the verb
'verpassen', which was not in the original. This will happen regularly
in the outlines to these pieces, and you should seize on the new
expression as a means of putting the original idea more briefly and
simply.

The verbs are, of course, in the infinitive — 'regnen, verpassen,
kommen, laufen, anhalten'. You must identify them as strong or
weak before you can say with confidence: 'Es regnete, er verpaßte,
der nächste sollte kommen, er lief, ein Auto hielt an'. (One verb,
you notice, remains in the infinitive.) If in doubt about the exact
past tense form of a verb which you require, listen for it in the
second reading.

When you have successfully done that the worst is over, and you
can develop the rest of the outline together with what else is
required to complete the story. This outline is generous in supplying
three whole phrases: 'in einer halben Stunde', 'zu spät zur Arbeit
kommen' and 'auf die Straße laufen', and this kind of assistance
will occur frequently in the pieces which follow.

Direct speech may occur. It is a convention of précis (as typified
in newspaper reporting) that this is conveyed in reported speech:
'Chancellor Schmidt said that he was ...' etc. If you attempt
reported speech in German you will need a whole new set of tenses,
known as the subjunctive: 'Bundeskanzler Schmidt sagte, er
sei/wäre ...' If you can do this correctly, there is no problem. If
not, it is safer to stick to the direct speech forms of the original.

4

Example 2

Nach einem guten Frühstück verließ Thomas letzten Dienstag das Haus. Auf der Straße sah er seinen Freund Walther, der traurig sein Fahrrad schob. ‚Was ist los?‘ fragte Thomas. ‚Mein Rad ist kaputt‘, sagte Walther. ‚Der Reifen ist platt. Sicher komme ich zu spät in die Schule.‘ ‚Doch nicht‘, sagte Thomas, der klüger und älter war. ‚Komm, wir stopfen den Schlauch mit Gras.‘ Er war nämlich Pfadfinder und hatte den Kopf voll von praktischen Ideen. Walther kam zur rechten Zeit in die Schule.

WHO?	Walther, Thomas (friends).
WHEN?	One morning before school.
WHERE?	In the street
WHAT?	1 Thomas sees Walther one morning in the street.
	2 Walther has a flat tyre.
	3 He will be late for school.
	4 Thomas stuffs the tube with grass.
	5 Walther gets to school on time.

OUTLINE

Thomas — verlassen — Haus — Walther — auf der Straße — eines Morgens — Reifen — platt — zu spät in die Schule kommen — Schlauch mit Gras stopfen — zur rechten Zeit.

REDUCTION
From 88 words to 42.
1 Thomas verließ eines Morgens das Haus.
2 Er sah Walther.
3 Sie waren auf der Straße.
4 Der Reifen des Fahrrads war platt.
5 Walther würde zu spät in die Schule kommen.
6 Thomas stopfte den Schlauch mit Gras.
7 Walther kam zur rechten Zeit in die Schule.

This unstylish reduction will be put right later on. Let me now suggest to you three methods of combination and three methods of expansion.

3 Sentence combination

Suppose that the outline gives you two fragments — 'in die Stadt gehen' and 'Blumen kaufen', which are to be turned into sentences, using the subject 'ich'. The result will be 'Ich ging in die Stadt. Ich

5

kaufte Blumen'. These can be combined into one sentence by using a conjunction:
(1) Co-ordinating conjunctions:
    Ich ging in die Stadt *und* kaufte Blumen
    Ich ging in die Stadt, *denn* ich wollte Blumen kaufen
(ii) Subordinating conjunctions:
    Als ich in die Stadt ging, kaufte ich Blumen
    Nachdem ich in die Stadt gegangen war, kaufte ich Blumen
    Ich ging in die Stadt, *weil* ich Blumen kaufen wollte
    Ich ging in die Stadt, *wo* ich Blumen kaufte
These examples all mean different things, of course, and you must be guided by the sense of what you want to say, when making your choice.

A second method of combining two sentences is to use a relative pronoun:
Ich ging zum Blumenladen. Er steht in der Hauptstraße. This becomes: Ich ging zum Blumenladen, *der/welcher* in der Hauptstraße steht.

Thirdly, you can retain the first sentence of the pair as it stands, and make the second into an infinitive phrase:
Ich ging in die Stadt, *um* Blumen *zu* kaufen. A variant of this is: Ich *wollte* gestern in der Stadt Blumen kaufen.

In these two examples, there is less certainty that the flowers were actually bought than in most of the previous examples. Again, it depends upon the emphasis which you wish to give to your sentence.

You can practise the techniques of combination, using the following pair of sentences. Do watch the sense!
Hans fuhr nach Berlin. Er besuchte dort Freunde.

Here is another exercise for you to do. Each of the eight items contains two sentences or phrases. From the list below choose a suitable combining word or phrase to fit each item and write the result as one sentence. Apart from 'um ... zu', which is to be used *twice*, each word should be used once only.

1 Er hatte die Zeitung gelesen. Er ging nach Hause.
2 Maria ging in den Laden. Brot kaufen.
3 Wo ist der junge Mann? Wir haben ihn gestern gesehen.
4 Er ging in das Zimmer. Seine Schwester spielte hinter dem Sofa.
5 Es war sehr kalt. Wir gingen doch aus.
6 Ist das die Frau? Sie haben ihr einen Brief gegeben.
7 Die Familie ging gestern in den Wald. Blumen pflücken.
8 Wir wollten nicht ausgehen. Wir waren zu müde.

der, den, denn, obgleich, um ... zu (2), nachdem, wo.

4 Sentence expansion

If your reduction seems rather on the short side, and you are satisfied that it contains all the vital facts and the items in the outline, there are three ways in which you can add weight to it:

Firstly, you can insert adjectives before nouns or in relative clauses:

Ich ging in die *schöne alte* Stadt und kaufte *rote* Blumen. (Do not overload your sentence, as in this example, or the result is unnatural.)

Der Mann, der *alt* und *arm* war, sprach zu mir.

Secondly, you can insert adverbs or adverbial phrases of time and place, although, again, this should be done sparingly, and probably not more than twice in any one piece, e.g. *Gestern um zehn Uhr* ging ich in die Stadt und kaufte Blumen *in dem Blumenladen.*

Here are some useful phrases:

Phrases of time

Past	Present	Future
gestern	heute	morgen
gestern nachmittag	heute früh	morgen früh
gestern abend	heute abend	
vorgestern	heutzutage	übermorgen
letzten Dienstag	diese Woche	nächsten Dienstag
letzte Woche	dieses Jahr	nächste Woche
letztes Jahr		nächstes Jahr
am vorigen Abend		am nächsten Morgen
gestern um halb vier	heute um acht Uhr	morgen um Viertel nach zwei

Phrases of Place

Movement towards	Rest	Movement away
hierher	hier	dorthin
herein	dort/da	hinaus
herunter		hinauf

Motion	Position
in die Stadt/Kirche/Schule	in der Stadt/Kirche/Schule
ins Kino/Theater/Konzert	im Kino/Theater/Konzert
auf das Land/Feld	auf dem Land/Feld
nach Hause	zu Hause

7

nach Deutschland	in Deutschland
in die Schweiz	in der Schweiz
an die See	an der See
an das Meer/Ufer	an dem Meer/Ufer
an der Kirche vorbei	am Ende der Straße
	in der Mitte der Stadt

Two more tips. To expand a sentence, use 'in dem, zu der, an das' etc. instead of the contracted forms 'im, zur & ans'. Pronouns make for shorter sentences, nouns for longer ones: 'Der junge Mann gab der schönen Frau eine Blume' can become 'Er gab ihr eine Blume', and four words have been lost.

The rather wooden reduction of Example 2 can now be rephrased, to make it flow more smoothly:

Als Thomas eines Morgens das Haus verließ, sah er seinen Freund auf der Straße. Walther war traurig, *weil* der Reifen seines *neuen* Fahrrads platt war, *und weil* er zu spät in die Schule kommen würde. Thomas stopfte den Schlauch mit Gras, *und* Walther kam zur rechten Zeit in die Schule.

At this point you should be ready to tackle what follows with confidence. Develop a methodical approach. If it works in the classroom, it will work in the examination also.

8

Passages for summary

1 The lost purse (Outline p.33)

Frau Schmidt ging gestern einkaufen. Zuerst fuhr sie mit dem Bus in die Stadt und stieg am Rathaus aus. Dann ging sie in den Blumenladen, um Tulpen zu kaufen. Hier sah sie ihre Freundin Frau Spatz. Diese war traurig. ‚Ich habe meine Geldtasche verloren', sagte sie. ‚Wo warst du vorher?' fragte Frau Schmidt. ‚Im Supermarkt dort drüben', antwortete Frau Spatz. ‚Gehen wir hin', sagte Frau Schmidt. Die beiden Damen gingen zum Supermarkt hinüber, und sprachen mit dem Fräulein an der Kasse. ‚Ja, ich habe eine Geldtasche gefunden', sagte das Fräulein. ‚Hier ist sie.' Frau Spatz war natürlich sehr froh.

2 A heroic deed (Outline p.33)

Es war schön am Wasserfall. Die Sonne schien auf das Wasser, und die Kinder spielten am Ufer. Plötzlich schrie ein kleines Mädchen laut auf und fiel ins Wasser. Vielleicht hatte ihr Bruder sie zu stark gestoßen. Wir saßen nahebei am Ufer und machten ein Picknick. ‚Was ist los?' fragte Vati, aber mein Bruder Helmut lief schon hin. Er zog schnell die Schuhe, die Jacke und die Hosen aus, und warf sich in den Bach. Er ist nämlich ein sehr guter Schwimmer. Es bestand aber wirklich keine Gefahr. Das kleine Mädchen stand im Wasser, denn der Bach war nicht tief. Sie weinte aber laut, und Helmut brachte sie heraus. ‚Du bist ein Held', sagte der Vater des Mädchens und gab ihm zehn Mark.

3 Nearly a nasty accident (Outline and exercises p.33)

Letzte Woche, an einem schönen sonnigen Tag, fuhr ich mit Helga

9

in die Stadt. Wir wollten in die neue Buchhandlung gehen. Helga ist Studentin auf der Universität und sie muß die Werke Shakespeares lesen, auf englisch natürlich.

Es waren viele Leute in der Stadt, als wir aus der Straßenbahn ausstiegen. Die Buchhandlung lag gegenüber der Haltestelle, deshalb mußten wir über die Straße gehen. Plötzlich blieb Helga stehen. ‚Mein Absatz!‘ schrie sie. ‚Mein Absatz ist steckengeblieben.‘ Tatsächlich saß der Absatz ihres Schuhes in dem Straßenbahngleis fest, und sie konnte ihren Schuh nicht los bekommen.

Ich versuchte, den Schuh herauszuziehen, aber ohne Erfolg. Dann sahen wir, daß eine Straßenbahn uns entgegenfuhr, und zwar auf demselben Gleis. Wenn der Fahrer nicht rechtzeitig halten würde, würde er Helga überfahren.

‚Halt! Stop!‘ rief ich. Die Bahn stoppte, und der Fahrer stieg aus. ‚Was machen Sie denn da?‘ fragte er, ziemlich mürrisch. Ich zeigte ihm Helgas Schuh. Er holte einen Schraubenzieher und machte den Schuh schnell frei.

‚Vielen Dank!‘ sagte Helga. Ich aber mußte dem Mann die fünf Mark als Trinkgeld geben, die ich für ein Buch gespart hatte.

4 Not the best way to explain the dent in the car (Outline and exercises p.34)

Herr Gunecke fuhr eines Sonnabends durch die Stadt. Es regnete ein wenig, und der Verkehr fuhr ziemlich langsam. Als er in die Hauptstraße einbog, mußte er anhalten, denn ein Zirkusumzug kam vorbei. Es gab Cowboys auf Pferden, Clowns, Löwen und Tiger in Käfigen und, am Ende des langen Umzugs, drei große Elefanten.‘ Alles zog nur sehr langsam vorbei, und manchmal mußten die Menschen und Tiere stehenbleiben.

Plötzlich, blieb einer der Elefanten stehen, und zwar vor dem Auto von Herrn Gunecke. Das Tier war sicher müde, denn es setzte sich auf die Haube des Autos und machte eine dicke Beule.

Später, als der Umzug vorbei war, fuhr Herr Gunecke weiter. Er war natürlich wütend, weil der Elefant sein schönes Auto beschädigt hatte.

Dann sah er, wie ein Polizist ihm zuwinkte, und er hielt wieder an. ‚Wie kommt es denn, daß Sie eine solche Beule am Wagen haben? Haben Sie den Unfall gemeldet?‘ fragte der Polizist.

‚Wissen Sie‘, sagte Herr Gunecke, sehr verärgert, ‚ein Elefant hat siche vorne auf mein Auto gesetzt.‘

‚Das glaube ich nicht. Wollen Sie mich zum Besten haben?‘ schrie der Polizist. ‚Kommen Sie mit zur Polizeiwache!‘

5 Something for everyone at the Federal garden show (Outline and exercises p.35)

Vor den großen Toren des Stadtparks standen schon eine Menge Leute versammelt. Obwohl es erst halb zehn war, stand die Sonne schon hoch, und man bewässerte die Anlagen mit vielen Wasserzerstäubern, um alle Blumen und Pflanzen frisch zu halten. Die Familie Breitenstein ging als erste hinein. Vater kaufte eine Familienkarte für sich, seine Frau Mathilde und die beiden Kinder, Dietlinde und Franz.

Überall sahen sie farbige Blumenbeete und schattige Bäume angepflanzt, denn man hatte viele Monate lang sehr hart gearbeitet, um alles für die Bundesgartenschau vorzubereiten.

Franz entdeckte eine kleine Eisenbahn, die die Gäste rund um den ganzen Park fahren sollte, und bestand darauf mitzufahren. Mutter und Tochter bewunderten ein Blumenbeet mit Rosen und Nelken, von dem sie sich nicht losreißen konnten. Und Vater hatte eine alte Dampflokomotive entdeckt, die er unbedingt fotografieren wollte. Man traf also eine Verabredung: um zwölf Uhr Mittag wollten sie sich alle vor dem großen Pavillon treffen, wo sich das Restaurant und viele interessante Ausstellungen befanden.

Herr Breitenstein ging zu der alten Lokomotive und machte ein paar Bilder. Dann sah er den hohen neuen Fernsehturm zwischen den Bäumen, und beschloß, mit dem Lift zur Bar hinaufzufahren, um ein kühles Bier zu trinken und die Aussicht von oben zu genießen.

Mutter und Dietlinde gingen weiter und kamen zu einem großen See, wo man in einem Kahn sitzen konnte, der völlig automatisch auf einer richtigen Wasserstraße durch die Anlagen fuhr. Sie stiegen ein und erreichten in ein paar Minuten eine Brücke, über welche die kleine Eisenbahn gerade hinwegfuhr. Von einem der Wagen winkte ihnen Franz zu.

Der Zug rollte weiter, und Franz stieg an der Endstation in der Nähe eines herrlichen Wildwestdorfes aus, wo er sich sogleich mit einem anderen Jungen anfreundete.

Inzwischen war der riesige Park ziemlich voll geworden. Der Tag war sehr heiß, und Vater, der ein wenig zu viel Bier getrunken hatte, kehrte schläfrig zum Treffpunkt zurück, wo seine Frau und Tochter schon warteten. Von Franz war aber kein Zeichen zu sehen. Es war halb eins geworden, und sie hatten großen Hunger. ‚Donnerwetter!' schimpfte Herr Breitenstein. ‚Man kann sich hier nur zu leicht verlaufen.'

Sie suchten überall und fanden den Jungen, der immer noch mit seinem neuen Freund glücklich und vertieft im Wildwestdorf spielte. Vater unterdrückte seinen Ärger und lud den anderen Jungen auch zum Mittagessen ein. Als er aber entdeckte, daß Franz sein ganzes Taschengeld für die Eisenbahn und für Kaugummi ausgegeben hatte, meinte er: ‚Was bist du bloß für einen Verschwender — der schwarze Schaf der Familie!'

6 Caught out in the mountains (Outline and English-German translation p.37)

Weil es für die beiden Kinder etwas Neues sein würde, eine Fahrt mit der Seilbahn zu machen, machten Herr und Frau Benthemann eines Sonntags einen Ausflug in die Berge. Sie erreichten die Talstation bei hellem Sonnenschein mit dem Bus und fanden die Seilbahn außer Betrieb, weil es schon nach zwölf war und das Personal zu Mittag aß.

Benthemanns picknickten draußen auf dem Gras und blickten mit Interesse zum hohen Wasserfall hinüber, dessen Wasser in der Sonne weiß schäumte.

Kurz nach eins konnte man hinauffahren. Herr Benthemann löste die Karten, und sie stiegen in die Kabine der Seilbahn ein. Die kleine Annette hatte Angst, als sie in der Luft schwebten, nach ein paar Minuten aber erreichten sie die Bergstation, von wo man überallhin wandern konnte.

Vater wählte einen ziemlich steinigen Weg, der sie in einer halben Stunde zu einem Felsen führte, von wo sie einen herrlichen Blick auf einen riesigen Gletscher hatten. Er machte viele Bilder, und sein Sohn Joachim versuchte, ein Murmeltier zu fangen, das auf dem nackten Felsen etwas zu fressen suchte.

Plötzlich verschwand die Sonne: eine schwarze Wolke war hinter einem Gipfel hervorgekommen, und nach ein paar Sekunden konnte man die Berge nicht mehr sehen. ‚Schnell, zur Bergstation zurück', ermahnte Herr Benthemann, und sie fingen an zu rennen. Leider hatten sie noch ein gutes Stück vor sich, als ein heftiger Hagelsturm sie überraschte. Die Gegend war völlig vernebelt, und die Familie litt unter den donnernden Hagelkörnern, die ihnen ohne Mitleid auf Kopf und Schultern niederprasselten.

Zum Glück fanden sie Schutz unter einem hervorstehenden Felsen, und nach zehn Minuten war der Sturm vorbei. Die Sonne schien wieder auf den Berghang, der jetzt ganz weiß und glänzend war. Die Luft war viel kühler geworden, und alles begann zu dampfen.

Joachim jubelte, Annette, aber, weinte und Mutter mußte ihre Tochter trösten, indem sie ihr warmen Kakao versprach, wenn man das Hotel an der Bergstation erreichte.

Als die Familie mit der Seilbahn ins Tal hinunterfuhr, war kaum noch ein Zeichen von dem heftigen Hagelsturm zu sehen. Nur der Wasserfall war nun ganz bräunlich geworden, und auf den Tannenbäumen waren noch einige weiße Überreste liegengeblieben.

7 Trouble from a smoking chimney
(Outline and exercises p.38)

In einem großen Haus in der Mitte des Dorfes wohnen drei Schwestern. Das Haus ist dunkel und liegt hinter Bäumen. Wenn es regnet, rieselt das Wasser durch ein Loch im Dach, und der Wind bläst in die Schornsteine hinein, so daß die Zimmer mit Rauch gefüllt werden. Maria, die älteste, hat sich seit dem Tode ihres Lieblingsneffen in ihr Zimmer zurückgezogen, und man sieht sie nur selten. Die mittlere Schwester, Eva, spielt immer noch ihre Violine, obgleich ihre Finger krumm geworden sind. Oben in ihrem Zimmer hört Maria der Musik gern zu.

Agathe, die jüngste, ist die Köchin für das Haus. Eines Tages im letzten Dezember kehrte sie aus dem Dorf zurück, wo sie die Einkäufe gemacht hatte. Als sie sich dem Hause näherte, bemerkte sie, daß etwas nicht in Ordnung war. Kein Rauch stieg aus den Schornsteinen, und ein schwarzer Wagen stand vor der Haustür. Agathe lief ins Haus und fand den Arzt im Wohnzimmer, wo er eben mit Eva sprach, die sehr blaß war.

‚Was ist denn passiert?' fragte Agathe. ‚Hat es mit Maria zu tun? Ist sie tot?' Sie begann zu weinen.

‚Regen Sie sich nicht auf', sagte der Arzt. ‚So ernst ist es nicht. Fräulein Maria hat ein kleines Unglück miterlebt. Einer der Schornsteine muß baufällig sein, denn der Rauch vom Kamin zog in ihr Schlafzimmer und drohte, sie zu ersticken. Glücklicherweise hat mich Fräulein Eva angerufen. Wir haben das Feuer vorläufig gelöscht. Fräulein Maria wird in ein paar Tagen genesen. Sie soll mit einer Wärmflasche ruhig im Bett bleiben.'

8 The reason for Aunt's unpleasantness (Outline and exercises p.41)

Tante Grete ist das, was ich ‚eine trockene Frau' benennen würde. Nicht trocken wie manche unverheiratete Frau, sondern dürr, wie ein totes Blatt oder eine verdorrte Pflaume. Alle ihre Bewegungen sind sehr genau. Wenn sie geht, so ist ihr Gang sicher und sparsam: sie macht keinen Schritt, der nicht unbedingt nötig ist. Ihre Stimme ist klar aber uninteressant, und ohne jede Wärme. Meistens hört man sie jemanden oder etwas kritisieren.

Einmal, als ich noch ein Kind war, sagte ich ihr geradeaus, daß ich sie nicht mochte. Es war an einem der vielen Wochenenden, die ich bei ihr verbringen mußte, als meine Eltern einige Monate lang im Ausland waren. Warum konnte ich sie denn nicht ausstehen? Sie war mir niemals böse, sie schickte mich nicht früh ins Bett. Ich durfte immer essen, was ich wollte und lassen, was ich nicht wollte.

Nein, mit *mir* hatte es nichts zu tun, sondern, wie ich erst viele Jahre später erfuhr, mit Onkel Wolf, der immer so freundlich zu mir war. Tante war ihm immer unangenehm, und das peinigte mich wirklich, denn er war mein Lieblingsonkel — mein Lieblingsmensch sogar.

Eines Tages, als wir einen langen Spaziergang durch die Dünen machten, erzählte er mir plötzlich den ganzen langen Streit zwischen ihm und Grete: einmal, vor 20 Jahren, also lange vor meiner Geburt, hatte sich Onkel Wolf in seine Sekretärin verliebt, trotzdem Grete noch ein hübsches und heiteres Mädchen war. Die Affäre dauerte nur zwei Monate, bis Tante Grete sie entdeckte. Die Sekretärin wurde auf der Stelle entlassen, und sie zog in eine andere Stadt. Seitdem hat meine Tante ihren Mann immer fest unter dem Daumen gehalten, denn sie ist eine unerbittliche Person geworden, die nicht imstande ist, auch die kleinste Sünde zu vergeben.

9 The ascent of Schynige Platte — 1
(Outline and questions p.42)

Der Bahnhof des schweizerischen Dorfes Wilderswil war sehr belebt. Überall sah man Bergsteiger in ihren farbigen Kleidern, und Touristen, wovon englische Schulkinder den größten Teil bildeten. Es war ein schöner Donnerstagmorgen in Juli, warm und freundlich, und die Berggipfel, die sich deutlich vom klaren Himmel abhoben, versprachen einen herrlichen Tag für die Wanderer, die hinaufsteigen wollten.

Die kleine Dampflokomotive wartete, ungeduldig zischend, bis alle Leute an Bord waren. Der achtjährige Christoph war sehr aufgeregt, als es seinen Eltern gelang, einen Platz ganz vorne zu finden, denn obwohl sie dort sehr weit von der Lokomotive waren, hatten sie eine unbehinderte Aussicht auf die Gleise und auf die schöne Landschaft, durch die man fahren sollte.

Pünktlich pfiff der Zugführer, und man fuhr langsam ab. Eine Gruppe von japanischen Touristen erschien vor dem Bahnhofsgebäude. Sie sahen ganz enttäuscht aus, bis man auf den nächsten Zug wies, der in fünf Minuten auch abfahren sollte.

14

Christoph bemerkte, daß der Zug plötzlich bergauffuhr. Die Bahnstrecke führte steil hinauf, dank der Zahnräder, die verhinderten, daß der Zug ins Tal zurückrollte. Sie fuhren durch schattige, kühle Wälder. Zweimal mußten sie anhalten, um andere Züge vorbeizulassen. Endlich ließen sie den Wald hinter sich, und dampften über breite Wiesen und an steilen Felsen vorbei. Man konnte die Stadt Interlaken weit unten sehen, und sogar die kleinen Schiffe auf dem Brienzer See.

10 The ascent of Schynige Platte — 2 (Outline and programmed drill p.43)

Der Zug machte einen Bogen, fuhr durch einen Tunnel, und erreichte die Bergstation. Von hier aus hatte man eine atemberaubende Aussicht auf die riesigen Berge, die immer noch schneebedeckt waren. Christophs Vater zeigte ihm den Eiger. Der Junge interessierte sich aber mehr für das Eis, das seine Mutter kaufte.

Die Familie ging ans Ende des Bahnsteigs und kaufte Karten für den Alpengarten, den man hier ausgelegt hat. Alle möglichen Alpenblumen waren dort zu finden, sogar das Edelweiß, das, wie Vater sagte, eine sehr seltene Blume ist. Der Junge bevorzugte aber den Enzian, der so schön blau ist.

Sie machten Rast neben einem hohen Felsen, wo die Bienen summten und die Kühe mit Glocke am Hals friedlich weideten. Alle Leute, die mit dem Zug heraufgefahren waren, schienen verschwunden zu sein.

‚Die meisten Touristen bleiben lieber auf der Hotelterrasse‘, meinte Mutter. ‚Sie haben keine Lust, in den Bergen zu wandern.‘

‚Sie sind richtige Faulenzer‘, sagte ihr Sohn. ‚Wir haben keine Angst, zu Fuß zu gehen.‘

‚Na gut‘, antwortete sein Vater. ‚Du bist also bereit, den Talweg zu Fuß zu machen. Mutti kann mit dem Zug hinunterfahren. Wie wär's?‘

Christoph wagte es nicht, nein zu sagen. Die beiden erschienen nach vier Stunden endlich am Fuß des Berges. Vater hatte seinen Sohn die Hälfte des Weges tragen müssen!

11 A dip in the forest (Outline and exercises p.44)

Zwei vierzehnjährige Jungen trampelten auf ihren Fahrrädern die Bundesstraße entlang. Sie hatten den Tag frei, und wollten auf dem Lande picknicken und die Schönheit der Natur genießen. Hans

15

hatte alles zu essen und trinken im großen Rucksack, den er auf
dem Gepäckträger angeschnallt hatte, und Michael hatte die Landkarte, einen Fotoapparat und einen kleinen Spirituskocher bei sich.

Nach einer Stunde waren sie beide der Meinung, daß es ver-
nünftiger wäre, die Hochstraße zu verlassen, und einen schattigen
Weg zu nehmen, der tief in den angrenzenden Wald hineinführte.
Hier mußten sie langsamer fahren, denn der Waldweg war sehr
uneben, und sie könnten jeden Augenblick mit ihren Rädern fallen.

Als sie in einer Lichtung haltmachten, um sich ein paar Minuten
auszuruhen, bemerkte Hans, daß der Vogelgesang in der Umgegend
besonders schön war. Er bedauerte, daß er sein Tonbandgerät nicht
mitgebracht hatte.

Wie alle Jungen waren sie schon hungrig. Hans holte zwei But-
terbrote aus dem Rucksack, und Michael entfaltete die Karte, um
zu bestimmen, wo sie waren. Es hätte schwer sein können, wenn sie
nicht den hohen Fernsehsender auf einem Hügel erblickt hätten.
Sie wählten die Richtung Nord-Nord-West, und fuhren weiter.

Kurz vor Mittag erreichten sie einen Bach, der durch eine zweite,
viel größere Lichtung floß. Michael schlug vor, sie sollten ihn
eindämmen. Sie ließen die Fahrräder auf das Gras nieder, und
holten die größten und schwersten Steine, die sie finden konnten.
Bald hatten sie eine richtige Talsperre gebaut, mit einem tiefen
Stausee dahinter. Als er noch einen Stein dazutun wollte, stolperte
Michael und fiel mit lautem Schrei ins Wasser. Hans lachte laut,
griff sofort zum Fotoapparat und machte ein schönes Bild von
seinem triefenden Freund. Wie die beiden Familien sich später
darüber amüsierten!

12 Visit to a potash mine (Outline, exercises and questions p.47)

Es regnete ein wenig, als der Bus vor dem Hauptgebäude anhielt.
Die dreißig englischen Schüler stiegen langsam aus, denn sie hatten
zwei lange Stunden gesessen. Ein Herr in einem dunklen Anzug
erschien und begrüßte die Gruppe im Kaliwerk Hansa.

Er erzählte ihnen ein wenig über das Bergwerk, in dem man das
Kali gewinnt, das fur die Bauer als Düngemittel sehr wichtig ist.
Die Jungen, ihr Lehrer und ihr Begleiter mußten besondere Kittel
und Schutzhelme anziehen, dann stiegen sie alle in die Kabine
eines Aufzugs. Es läutete irgendwo, und sie begannen, zuerst langsam, dann immer schneller, in die Erde hinabzufahren. Der Abstieg
dauerte nur ein paar Minuten, dann verließen alle den Aufzug, und
befanden sich in einem, hohen breiten Tunnel, dessen weiße Wände
im künstlichen Licht schön glitzterten — nicht etwa, weil sie naß

waren, sondern weil das Kalisalz aus kleinen Kristallen besteht. Die Besucher waren erstaunt, daß alles so sauber aussah. Ihr Begleiter erklärte, daß es hier anders sei, als in einem Kohlenbergwerk, wo alles schwarz und schmutzig ist.

Die Jungen stiegen in einen kleinen Zug ein, und fuhren ein paar Kilometer durch den Tunnel. Das Kalisalz schimmerte und glänzte, nicht nur weiß, sondern auch rosa und grün.

Als sie haltmachten, stand der Zug in einer riesigen Höhle, deren Decke sich hoch über ihren Köpfen wölbte. Ihr Begleiter schaltete einen kräftigen Scheinwerfer an, um ihnen die erstaunlichen Kristallbildungen zu zeigen. Die Beleuchtung verwandelte alles in eine wirkliche Zauberwelt. Danach fuhr die Gruppe in einem zweiten Aufzug hinauf, und wurde in einem anderen Gebäude zum englischen Teetrinken eingeladen. Der Teetopf war ungeheuer, und der Tee schmeckte den Jungen sehr gut. Sie durften sich auch duschen, obgleich man in einem Kaliwerk überhaupt nicht schmutzig wird.

13 Festival on the lake (Outline and multiple-choice questions p.48)

Jedes Jahr gibt es ein Feuerwerk auf dem See. Die Einwohner der kleinen Stadt am Seeufer bereiten alles auf den großen Abend vor und hoffen, daß es nicht regnen wird. Da das Fest Mitte August stattfindet, sind viele Touristen und Fremde da, um den schönen Abend zu genießen. Natürlich muß man etwas bezahlen, um einen guten Platz auf der Uferpromenade zu bekommen.

Letztes Jahr war mein Bruder Gregor mit Frau und Kindern dort. Man hatte warme Kleider angezogen, denn die Temperatur sinkt schnell, sobald die Sonne untergegangen ist. Zu dieser Zeit fangen die Mücken an zu stechen, aber die Familie hatte eine gute Schutzcreme mitgebracht.

Die Vorstellung sollte um halb neun anfangen, sobald es dunkel geworden war. Um viertel vor neun begannen die Kinder ungeduldig zu werden, und Gregor mußte Luftballons für sie kaufen. Dann sahen sie, daß alle anderen Zuschauer zum anderen Ufer hinübersahen. Dort, am Berghang, leuchtete ein Bild auf, das aus vielen kleinen Laternen oder Kerzen bestand. Es war ein Fernsehschirm mit einem Fußball in der Mitte. Die Kinder waren begeistert. Andere Bilder erschienen am Berg und starben langsam aus.

Um halb zehn, als die Kinder wirklich sehr müde wurden, schoß plötzlich eine Rakete in die Luft hoch, und die Menge stieß ein langes ‚Ah!' aus. Bunte Sterne fielen ins Wasser zurück, und dann ging das Feuerwerk los: Kerzen, Räder, Raketen — bis es auf dem See fast tageshell wurde.

Das Feuerwerk dauerte nur eine halbe Stunde, aber die ganze Familie war sehr zufrieden, und die Kinder waren um zehn Uhr viel munterer, als vorher.

14 An act of charity (Outline and exercise p.49)

Herr Schäfer wohnt seit dem Tode seiner Frau ganz allein. Sein Haus hat zwölf Zimmer und ist viel zu groß für ihn. Was kann er mit fünf Schlafzimmern und zwei Badezimmern anfangen? Seine Kinder sind alle erwachsen und wohnen anderswo. Eines Abends, als er im großen Wohnzimmer saß und traurig darüber nachdachte, wie leer sein Leben jetzt war, klopfte es an die Haustür. Er schaute automatisch auf die Uhr: es war kurz vor Mitternacht. Wer kommt zu dieser späten Stunde zu Besuch? fragte er sich.

Er stand langsam auf, denn er war nicht mehr jung, überquerte die dunkle Diele, und blickte durch das kleine Fenster in der Haustür. Obgleich er draußen eine Gestalt sehen konnte, war es zu dunkel, um die Person zu erkennen. Er kniete nieder und sprach durch den Schlitz, der zum Briefeinwerfen benutzt wurde. ‚Hallo! Wer ist da?' Er erhielt aber keine Antwort. Die Kette war noch vor der Tür. Er öffnete sie also ein paar Zentimeter und blickte hinaus. Draußen war es kalt, unter Null. Da stand ein kleiner Schatten. Herr Schäfer dachte, das muß ein Kind sein, und fragte ‚Was willst du?' Wieder keine Antwort.

Er machte die Kette los und öffnete die Tür ganz weit. Von der Leopoldskirche ertönten zwölf lange Schläge. Das Kind auf der Schwelle sah wortlos zu ihm hinauf. Herr Schäfer bückte sich und nahm die Hände des Kindes in die seinen. Das Kind wandte den Kopf um, und aus den Schatten des Gartens traten drei, vier, fünf Leute, alle arm und in zerrissenen Kleidern. Einer, der Vater, erklärte, was geschehen war: ‚Man hat uns auf die Straße hinausgeworfen, und wir haben kein Bett für die Nacht.' Da waren die Mutter, die Großeltern, eine Tante, das kleine Mädchen, und er. Sechs Leute. Und Herr Schäfer hatte fünf leere Schlafzimmer . . . Und die Temperatur lag unter Null.

Er lud sie ein, gab ihnen zu essen und trinken, und ließ sie eine Woche bei sich wohnen, bis sie ein neues Haus fanden. Er hatte nun sechs neue Freunde, und er war nicht mehr so allein.

15 A narrow shave in the storm (Outline and questions p.51)

Ein richtiger Sturm auf dem Lande kann etwas sehr Fürchterliches

18

sein. Sogar die Bauern und Landleute, die an schnelle Veränderung in der Wetterlage gewohnt sind, können ein oder zweimal im Jahr von Überschwemmungen oder Gewittern überrascht werden.

Wir hatten für die zweite Hälfte des Monats August eine sehr nette Berghütte in den Voralpen gemietet. Das sollten zwei Wochen ruhiger Urlaub werden. Meine Frau, die sich von einer langen und schweren Erkrankung erholte, sollte sich im Liegestuhl draußen auf der Terrasse ausruhen. Die Kinder konnten schwimmen oder spazierengehen. Und ich? Ich wollte ein wenig malen und ein wenig fischen.

Am dritten Abend unseres Aufenthaltes war es erstickend schwül, und der Himmel war mit großen schwarzen Wolken bedeckt. Bei Sonnenuntergang sah er ganz feurig und drohend aus, und wir sahen, wie die Tiere auf den Wiesen vor dem wachsenden Winde Schutz suchten.

Kurz vor zehn begannen die starken Windstöße. Meine Frau hatte Angst und schickte die Kinder nicht ins Bett, sondern ließ sie bei uns im Wohnzimmer bleiben. Wenn man horchte, konnte man das Rauschen und Brausen in den Bäumen des Waldes hören, da unsere Berghütte am Waldrand stand. ‚Könnte das ganze Dach in die Luft fliegen?' wollten die Kinder wissen. ‚Ich glaube, daß das Haus sehr solid gebaut ist', antwortete ich.

Von Schlafen war keine Rede. Um drei Uhr hörten wir oben ein lautes Krachen, und die Lichter gingen aus. Ich lief die Treppe hinauf, eine Taschenlampe in der Hand, und entdeckte, daß ein riesiger Tannenbaum auf das Haus gefallen war. Das Dach war zerschmettert, und der dicke Baumstamm lag über den beiden Betten unserer Kinder. Bleich und zitternd kehrte ich ins Wohnzimmer zurück. ‚Die Buben haben Glück', sagte ich. ‚Wenn wir sie ins Bett geschickt hätten, wären sie jetzt tot.'

16 The problems of interviewing in unusual places (Outline and questions p.52)

Reporter für eine Fernsehgesellschaft zu sein, ist nie langweilig. Letzten Frühling fuhr ich mit drei anderen Männern zu einem Leuchtturm, der auf einem Felsen etwa fünfundzwanzig Kilometer von der Küste steht. Jörg hatte die große schwere Kamera mitgebracht, Sepp die Scheinwerfer mit Batterien, und Karl das Tonbandgerät. Wir fühlten uns alle seekrank, was nicht gut ist, wenn man einen Leuchtturmwärter interviewen soll.

Wir waren die ersten Leute, die die beiden Wärter seit drei Monaten gesehen hatten: weil die See sehr stürmisch gewesen war, konnte sich bis jetzt kein Boot dort hinwagen. Wir entluden unsere Ausrüstung und auch einen großen Sack mit Nahrung und Post für Herrn Pohl und seinen Sohn.

Jörg stellte die Kamera auf, Sepp beleuchtete das enge runde Wohnzimmer mit dem Licht seiner Scheinwerfer, und Karl prüfte das Tonbandgerät. Draußen wartete der Schiffer mit dem Boot. Wir hatten knapp eine Stunde vor der Ebbe — bis dann mußten wir weg sein.

Ich begann, Herrn Pohl Fragen zu stellen. Wie lange war er schon Wärter? Zweiundzwanzig Jahre. Und sein Sohn? Erst fünf. War das Leben nicht einsam? Bevor er antworten konnte, ging das Licht aus. Sepp fluchte. Vielleicht war Seewasser in die Batterien geraten. Die Scheinwerfer waren kaputt. Wir hatten nur noch eine halbe Stunde, und ich hatte erst drei Minuten von dem Interview gefilmt.

Dann hatte Herrn Pohls Sohn eine glänzende Idee: wir könnten oben im Lampenzimmer filmen, und zwar bei Tageslicht. Wir waren bald bereit, und diesmal verlief das Interview ohne Problem. Der Sohn hatte sogar Zeit, uns zu zeigen, wie sich die großen Linsen drehen, wenn man sie nur mit der Hand berührt. Wir dankten dem Wärter, stiegen wieder ins Boot hinunter, und fuhren mit unserem wertvollen Film zum Festland zurück. Als wir die Küste bei Dunkelheit erreichten, sahen wir den fernen Lichtstrahl am Horizont entlangschweifen.

17 Bad luck on the journey home
(Outline and multiple-choice questions p.52)

Die Hitze des Tages lag über der flachen italienischen Landschaft. Zu dieser Tageszeit war nur wenig Verkehr auf der Autobahn. Herr Keller hatte Florenz um zehn verlassen und steuerte nun schnell in Richtung Mailand. Seine Frau schlummerte ein, und die beiden Kinder sahen traurig und offenbar gelangweilt zu den hinteren Wagenfenstern hinaus.

Plötzlich horchte er auf. Der Motor machte furchtbare Geräusche, und das Auto lief nicht mehr richtig. Herr Keller fluchte laut, fuhr auf den Seitenstreifen und stoppte.

Als er die Haube aufmachte, fand er, daß der Motor ein wenig rauchte. Wie der ganze Wagen und seine Passagiere war er anscheinend überhitzt. Hilfe war nötig. Herr Keller schaute nach links und rechts. Kein Wagen zu sehen, kein Mensch. Noch schlimmer, es war kein Telefon in Sicht. Neben der Autobahn lag ein Bauernhof, der von Feldern umgeben war. Herr Keller war im Begriff, auf diesen Bauernhof loszumarschieren, als er das Geräusch eines Wagens hörte. Er blickte hinter sich und sah zu seiner großen Erleichterung einen Kombiwagen des Straßendienstes.

Der Kombiwagen hielt an, und ein Mechaniker stieg aus. Als dieser unter die Haube sah, schüttelte er den Kopf. Soweit Herr Keller verstehen konnte, war ein Zylinder kaputt. Der Wagen mußte bis zur nächsten Ausfahrt geschleppt werden, wo es in der Nähe eine Reparaturwerkstatt gab. Eine Raparatur würde möglich sein, erklärte ein zweiter Mechaniker, aber sie würde mindestens einen ganzen Tag dauern und viel, viel Geld kosten. Gegenüber der Garage befand sich ein Hotel, das glücklicherweise noch freie Zimmer hatte. Am Nachmittag des folgenden Tages erhielt Herr Keller einen Telefonanruf vom Mechaniker. Das Auto war wieder in Ordnung. Er ging sofort hinüber, und mußte eine Rechnung von 500 Mark bezahlen. Mit langem Gesicht fuhr er zum Hotel zurück, holte Frau, Kinder und Gepäck, und setzte die Reise traurig fort. Kellers brachten leider keinen schönen Andenken aus Italien mit nach Hause!

18   An escape attempt (Outline and exercise p.53)

Wie ein Maulwurf hatte der Gefangene gegraben und gegraben — jeden Tag ein paar Zentimeter vorwärts. Es war eine mühsame und erstickende Arbeit, und gefährlich war es auch, denn der Tunnel drohte jeden Augenblick einzustürzen, um ihn lebendig zu begraben. Er brachte Holzstücke mit, um die Wände und die Decke des Tunnels zu stützen. Zum Glück war die Erde, durch die er bohrte, ziemlich feucht und fest. Nur hier und da kam er zu einer Stelle, wo der Sand trocken rieselte.

Unter Tage war es schwer, die Richtung genau zu bestimmen, in welcher er grub. Er kannte die Entfernung natürlich — hundertzehn Meter lang mußte der Tunnel sein, damit er sicher sein könnte, unter der großen Mauer hindurchzukommen. Hundertzehn, und er hatte erst die Hälfte gegraben, als er auf etwas Hartes stieß. Es konnte noch nicht das Fundament der Mauer sein, er hatte tief genug gegraben, um ein solches Hindernis zu vermeiden. Es war ein Stein, kein kleiner, sondern ein riesiger — ein richtiges Felsstück, das zwischen ihm und der Freiheit lag. Er fluchte, und kratzte daran. Der Stein bewegte sich nicht. Er mußte einen Umweg machen, und das würde ihn noch viele mühevolle Stunden kosten.

Er grub seinen Tunnel weiter nach rechts, bis er sicher war, daß er am großen Stein vorbeigekommen war. Er erreichte eine sandige Stelle, wo es viel schneller ging, wo er aber viel Holz anbringen mußte, um die Wände abzustützen. Die Luft wurde sehr schlecht. Er grub weiter, einen Meter jeden Tag, und schleppte den Sand in kleinen Säcken fort, die er mitgebracht hatte. Endlich schätzte er, daß er ans Ziel gekommen war. Jetzt hieß es, einen Schacht nach oben zu bohren! Er hatte etwas Geld bei sich, und ein wenig Nahrung. Als er schließlich ins Freie durchbrach, hatte es schon zu dämmern begonnen. Er kroch blindlings vorwärts und stieß auf ... die Innenseite der hohen Gefängnismauer. Als er die Richtung seines Tunnels geändert hatte, muß er in einem Halbkreis gegraben haben. Die Freiheit lag immer noch draußen, und er war immer noch drinnen!

19 A preview of a brand-new school
(Outline and exercise p.55)

Es ist immer interessant, ein nagelneues Gebäude zu besichtigen, und insbesondere eine moderne Schule. Wir hatten letzten Sommer die Gelegenheit, die Realschule zu besuchen, die man auf einem schönen breiten Gelände neben dem Gymnasium gebaut hatte. Ein kleiner Bach, der von den Hügeln herunterfloß, bildete die Grenze zwischen den beiden Schulen.

Die neue Realschule war ein Meisterstück der modernen Baukunst. Überall sah man Beton und Glas, und das ganze sah wie ein riesiges Krankenhaus aus. Hier würde man bestimmt für das Wohl der Kinder sorgen.

Drinnen befanden wir uns in einem sehr breiten Gang, der sich über die ganze Länge des Gebäudes erstreckte, und dessen Boden mit Gummi ausgelegt war. Unsere Füße machten kein Laut. Hier könnte eine ganze Armee durchmarschieren ohne das geringste Geräusch zu machen.

Wo waren die Klassenzimmer? Nun, sie lagen zu beiden Seiten hinter Betonmauern. Fenster gab es nur selten, und zwar in der Decke, so daß man von hier aus keinen Blick auf die Landschaft hatte, sondern nur zum Himmel hinauf. Alle paar Meter, waren Bilder an den Betonwänden angebracht, die auf die verschiedenen Fächer hinwiesen: ein Mikroskop und ein Pfeil — das bedeutete ‚Labor für Naturwissenschaft'. Eine Harfe — das bedeutete ‚Musik', und so weiter.

In der Mitte des Gebäudes gab es einen breiten Platz, den man als Theater oder Konzertsaal benutzen konnte. Das Kino konnte durch einen Knopfdruck automatisch verdunkelt werden. Und zum Lehrerzimmer führte uns ein Lift hinauf.

Noch waren keine Kinder in dieser Schule. Sie würden nächste Woche mit dem Zug kommen, der an der Station anhalten würde, die man extra für die Schule gebaut hatte. Oder sie würden aus der Stadt zu Fuß oder mit dem Moped kommen. Und dieses riesige, kalte Gebäude würde plötzlich bunt und lärmend und lebendig werden. Denn — eine Schule ohne Kinder drin ist wie ein Friedhof.

20 For once an air-pocket was welcome (Outline and questions p.57)

Das Flugzeug war nicht voll, als die Stewardeß die Türen verschloß, und die Maschine langsam auf die Flugbahn rollte. Herr Meier fühlte sich irgendwie unbequem, aber er konnte nicht feststellen, warum. Er war schon oft geflogen, sogar nach Südamerika. Niemals aber hatte er eine Reise mit solcher Unruhe begonnen. Dieses Flugzeug sollte die kurze Strecke zwischen London und Frankfurt zurücklegen — ein paar Stunden nur — und es war ein herrlicher Tag. Herr Meier seufzte, schnallte den Sicherheitsgurt an und löschte seine Zigarette aus. An der anderen Seite des Gangs lächelte eine Dame ihm nervös zu. Es war offenbar ihr erster Flug. Er versuchte, mit Selbstvertrauen zurückzulächeln, aber es gelang ihm nicht ganz. Die Maschine vibrierte, beschleunigte sich und begann zu steigen. Wenigstens würde man die Küste von England und Frankreich deutlich sehen können, dachte Herr Meier. Das sollte aber nicht geschehen, denn über dem ganzen Kanal hingen Wolken. Er gähnte. Plötzlich sah er, wie ein Mann, der eine Maske trug und einen Revolver in der Hand hatte, den Gang entlang lief. Herr Meier wollte aufstehen, aber der Mann wandte sich schnell um und hob den Revolver.

‚Bleiben Sie alle sitzen!‘ schrie er. Ein zweiter Mann erhob sich von dem Vordersitz und ging in die Pilotenkabine. ‚Wir machen einen kleinen Umweg‘, sagte der erste Mann. ‚Wir fliegen nach Albanien.‘

Die Passagiere waren entrüstet, aber sie konnten nichts dagegen tun. Als der Flugzeugentführer aber dastand, machte das Flugzeug plötzlich eine heftige Bewegung, und er wurde zu Boden geschleudert, wo er bewußtlos liegenblieb. Der zweite Pilot kam herein und erklärte, es sei ihm gelungen, den anderen Mann zu überwältigen. ‚Das Luftloch hat uns sehr geholfen‘, sagte er. ‚Haben Sie keine Angst, wir landen planmäßig in Frankfurt.‘

21 Everything but the kitchen sink (Outline, exercise and English-German translation p.58)

Mitten in der Schweiz gibt es drei Pässe, die miteinander verbunden sind. Wenn das Wetter schön ist, kann man die Rundfahrt über den Grimselpaß, Furkapaß und Sustenpaß machen. Es lohnt sich, dieser Tour einen ganzen Tag zu widmen.

23

Vor drei Jahren, es war im Sommer, erreichte ich das Dorf Innertkirchen, wo die Grimsel- und Sustenstraßen anfangen. Fährt man nach links, dann erreicht man den Sustenkulm in etwa einer halben Stunde. Biegt man aber rechts ab, so befindet man sich auf einer engen steilen Bergstraße, die kurvenreich und ziemlich gefährlich ist. Ich fuhr mit meiner Familie in einem VW-Bus. Für größere Busse und für Autos mit Anhängern ist der Grimselpaß weniger geeignet. Wir kamen zum Fuß des Berges und begannen, durch die Tannenwälder hinaufzufahren. Die Sonne schien hell, und wir waren alle fröhlich. Da erblickte ich zwei Damen an der Straßenseite, die uns zuwinkten. Anhalter, natürlich. Sie hatten keinen Rucksack und trugen keine Bergstiefel. Übrigens bemerkte ich, daß die eine etwa 50 Jahre alt war, während die andere noch Teenager war. Wir hielten an. Die ältere Dame bückte sich. ‚Fahren Sie zum Grimselpaß hinauf? Dürfen wir mit?‘ Sie sprach mit einem starken italienischen Akzent. Wir hatten noch Platz, und ließen sie einsteigen. Sie waren charmante Leute. Die ältere Dame erklärte, was geschehen war: ‚Mein Mann ist mit dem Wagen und Anhänger schon vorausgefahren. Unser Wagen ist nicht sehr kräftig, und er konnte unmöglich den schweren Anhänger mit uns allen an Bord diese steile Straße hinaufschleppen. Wir beide mußten also hinaus, und per Anhalter fahren.‘

‚Ist Ihr Anhänger wirklich so schwer?‘ fragte ich. ‚Oh ja‘, antwortete sie. ‚Vittorio — mein Mann — besteht immer darauf, daß wir den großen Kühlschrank von zu Hause mitbringen, auch seinen bequemen Sessel aus seinem Schreibzimmer. Er ist nämlich Professor auf der Universität zu Bologna, und er liebt seinen Komfort, wenn er in die Berge fährt. Hoffentlich treffen wir ihn oben wieder!‘

22 A hair-raising drive (Outline and multiple-choice questions p.59)

Ich hatte das große Glück, bei einer sehr netten Familie als Gast zu wohnen. Ich war nämlich englischer Assistent an einem deutschen Gymnasium, und die Welkemanns hatten mich wie einen Sohn aufgenommen.

Herr Welkemann, der Wein verkaufte, bestand darauf, daß ich ein wenig von der Gegend sehe und ein wenig Kultur habe, anstatt auch nur einen Abend auf meinem Zimmer zu verbringen.

An einem dieser Kulturabende war der Nebel so dicht, daß ich glaubte, es würde unmöglich sein, in die Oper zu fahren, was Herr Welkemann vorhatte. ‚Ariadne‘ in Mannheim oder, besser gesagt, ‚Ariadne auf Naxos‘ in Mannheim. Nun ja, ich kann Richard Strauss nicht leiden, und Mannheim im Nebel ist nichts.

Herr Welkemann hatte aber andere Ideen. Rechtzeitig holte er den Wagen aus dem Schuppen und hieß seine Frau und mich einsteigen. Sie saß hinten und ich vorne. Die Fahrt begann. Das ist keine einfache Straße, müssen Sie wissen: hier baut der Staat Rheinland-Pfalz experimentalweise Autobahnen. Man fährt drei Kilometer nach dem Norden, dann kommt ein Autobahnkreuz, und man fährt ein paar Kilometer nach dem Osten. In dem Nebel fuhren wir, so gut ich schätzen konnte, nach Süden und Westen auch. Immer die roten Rücklichter eines Wagens, ein oder zwei Meter vor uns. Ich zitterte, Frau Welkemann zitterte auch und kaute an ihren Fingernägeln, und ihr Mann fuhr wie der Teufel mit 120 Stundenkilometern.

Es wunderte mich, daß wir heil nach Mannheim kamen. Es war sogar ein Genuß, in der Oper zu sitzen. Wenigstens hatte Ariadne keinen Nebel auf ihrer Insel Naxos!

23 The train is snowed up (Outline and exercises p.60)

Unser Zug hatte frühmorgens Dortmund verlassen, und er fuhr jetzt durch die schneebedeckte hügelige Landschaft neben der belgischen Grenze. Ohne Zweifel war in den letzten paar Tagen hier sehr viel Schnee gefallen, denn an vielen Stellen, da wo der Wind am stärksten war, hatten sich Schneewehen gebildet.

Gegen Mittag fing es an stark zu schneien, und der Zug fuhr langsamer, vermutlich, weil der Lokomotivführer es schwierig fand, die Signale zu sehen, oder weil der Schnee die Gleise rutschig gemacht hatte.

Wir fuhren immer langsamer und dann, wo die Abhänge zu beiden Seiten hoch emporragten, blieben wir mit einem Ruck stehen, der den ganzen Zug durchlief. Ich steckte den Kopf zum Fenster hinaus, konnte aber kaum sehen, da die Schneeflocken so dicht fielen.

Nach fünf Minuten eilte der Schaffner durch unseren Wagen. Er erklärte, daß das Gleis vor uns durch eine mächtige Schneewehe blockiert sei, und daß die Lokomotive darin stecke. Der Zug konnte weder vor- noch zurück. Die Reisenden brauchten aber keine Angst zu haben, denn die Heizung funktionierte noch, und der Speisewagen hatte genug Nahrung für alle. Es hieß nur abwarten und Tee trinken, bis der Schnee aufhörte, und man den Zug befreien konnte. Wir warteten ab, aßen Schweinekotelett und tranken Bier oder Wein. Unser Wagen kam in Partystimmung. Ein Herr spielte Mundharmonika, und wir sangen alle mit. Partyspiele in einem Zug — das ist etwas Schwieriges, aber wir taten unser Bestes.

Es schneite noch acht Stunden, bis die Vorderhälfte des Zuges völlig eingeschneit war. Um neun Uhr am Abend erreichte uns eine zweite Lokomotive mit Schneepflug. Es gelang ihr, den hinteren Teil des Zuges freizuschleppen, mit allen Passagieren und Zugpersonal an Bord. Sehr spät erreichten wir Köln, wo die Mehrheit der Gestrandeten vorzogen, in einem Hotel zu übernachten. Das war ein Winter!

24 Under cover to Sicily (Outline and continuation material p.62)

Es war stockfinster, als wir kurz vor halb eins Villa San Giovanni verließen. Geronimo ritt auf einem schönen Pferd voraus. Auf dem engen Weg konnte ich nur mit Schwierigkeit dem Licht seiner elektrischen Taschenlampe folgen, denn mein Tier war, wie immer, zaghaft und scheu. Das Licht bebte zwischen den Bäumen, sonst war gar nichts zu sehen. Ein wenig später bemerkte ich, daß das Licht still stand, und ritt weiter, bis ich meinen Führer wiederfand. ‚Was ist's?' flüsterte ich. ‚Ein Erdrutsch', sagte er leise. ‚Wir müssen hier zu Fuß gehen.'

Ich stieg ab und folgte ihm vorsichtig, mein Pferd hinter mir. Plötzlich aber verlor es das Gleichgewicht und fiel, vor Schrecken wiehernd, in das schwarze Nichts hinab. Stille. Kein Laut war zu hören.

Geronimo zuckte die Achseln. ‚Steigen Sie auf mein Pferd', sagte er. ‚Ich gehe zu Fuß voran.' Der Weg führte bergab, und endlich hörte ich ein sanftes Geräusch vor uns. ‚Das Meer', sagte Geronimo.

Nach einer Viertelstunde erblickten wir ein kleines Licht in der Ferne. Als wir den Strand erreichten, stellte sich heraus, daß dieses Licht von dem Fischerboot kam, dessen Kapitän schon anderthalb Stunden auf uns wartete.

‚Vorsicht', sagte dieser. ‚Die Amerikaner sind nicht weit weg.' Ich stieg an Bord und reichte Geronimo die Hand. ‚Schade um das Pferd!', sagte ich. Er machte eine Grimasse. ‚So ist der Krieg.' Der Fischer stieß ab, und Geronimo winkte uns vom Strand aus zu.

25 Incident at the Wall — 1 (Outline and questions p.63)

Es war kurz vor drei Uhr morgens, als sich ein Schatten an den Häusern entlangschlich. Konrad Spohlmann, ein neunzehnjähriger Student, hatte sich in einen langen dunklen Mantel eingewickelt. Seine schwarze Wollmütze war bis tief über die Ohren heruntergezogen. Er sah aus wie jemand, der an einem Wintertag hinausgeht, obwohl es in Wirklichkeit einer der ersten Frühlingstage und ganz mild war.

Er blieb in der Tür eines verfallenen Gebäudes stehen, und schaute vor sich hin. Dort stand sie, hell beleuchtet, und höher, als er sie sich vorgestellt hatte, und grausam: die Mauer, die die ganze Stadt durchschnitt.

Er hatte plötzlich Angst, als er an seine Mutter und seinen jüngeren Bruder dachte, die er zurücklassen mußte. Sie wußten natürlich von seinem Plan, und von dem starken Willen, der ihn jetzt zu einer verzweifelten Tat trieb.

Er hob das Gesicht und sah sich die Mauer von neuem an, die in einer Entfernung von etwa dreihundert Metern dastand. Kein Mensch war zu sehen, was aber bei weitem nicht bedeutete, daß keine Menschen wach waren. Hier, an der Grenze, waren die Wachtposten immer auf der Lauer. Er schlich näher, bis er zu einer Stelle kam, wo es keine schützenden Gebäude mehr gab. Hier konnte er eine lange Strecke der Mauer mit den Wachtürmen in regelmäßigen Abständen daneben sehen. Er wählte eine Stelle, die genau in der Mitte zwischen zwei von den Türmen lag. Die Mauer schien riesengroß zu sein, und oben war sie mit Stacheldraht gekrönt. Ob er die Kraft hatte, bis dort hinzulaufen, ganz zu schweigen von der Schwierigkeit, hinaufzuklettern? Er hoffte, daß die Wachtposten zu dieser Stunde nichts Derartiges erwarteten, daß sie wohl vor sich hindösten, oder wenigstens andere Gedanken hätten, als auf Flüchtlinge aufzupassen.

26 Incident at the Wall — 2 (Outline and continuation material p.63)

Konrad mußte sich jetzt fassen und seine Entscheidung treffen. Würde es besser sein, einfach auf die Mauer loszurennen, oder sich wie ein Schatten langsam anzuschleichen? Sein Herz begann zu klopfen. Die Posten werden mich sowieso erblicken, dachte er. Am besten ist, so schnell wie möglich rennen, in der Hoffnung, daß sie mich dabei nicht so leicht treffen können.

Er atmete tief ein, und begann zu laufen, Kopf nieder, geduckt, schnurstracks auf die Mauer zu. Er hörte einen Schrei, blieb aber nicht stehen, denn das Wichtigste war, immer in Bewegung zu sein. Er kam zur Mauer, sprang sofort hinauf und ergriff die rauhe Oberseite mit beiden Händen. Ein Schuß knallte von rechts, und ein Zementsplitter flog ihm ins Gesicht. Er hing eine Sekunde dort, dann, während andere Schüsse von beiden Seiten ertönten, zog er sich mit großer Anstrengung hinauf. Ich habe keine Chance, dachte er. Sie werden mich treffen, schon mit dem nächsten Schuß.

Er hatte schon ein Bein hinaufgeschwungen, und wollte eben den Stacheldraht anfassen, als ihn eine Kugel traf: er wußte es sofort, es war wie ein Fausthieb in die Schulter. Zuerst schmerzte die Wunde nicht. Er war mehr darauf bedacht, sich über den Stacheldraht zu zwingen. Er zog sich mit aller Kraft hoch, dann, als die nächsten Schüsse knallten, sank er nieder, an beiden Beinen getroffen.

Plötzlich war es dunkel und still. Er dachte, er sei tot, bis er bemerkte, daß er an der westlichen Seite der Mauer an seinem Mantel vom Stacheldraht hing. Unter sich hörte er erregte Stimmen, Hände reichten zu ihm empor, machten ihn vom Stacheldraht frei, brachten ihn in Sicherheit und Freiheit.

‚Gratuliere,‘ sagte ein Mann in Uniform. ‚Willkommen in Westberlin. Sie werden leben, aber Sie verlieren viel Blut, und müssen sofort ins Krankenhaus.‘

27   A nostalgic return to one's home town (Outline and exercise p.65)

Ich hatte meine Heimatstadt 1943 zum letzten Mal gesehen, als ich nach Südamerika auswanderte. Jetzt schenkte ich mir als gemachter Mann eine große Europareise, um alles wiederzusehen.

Als ich in der Stadt aus dem Zug ausstieg, bekam ich die erste unangenehme Überraschung: das Stadtzentrum, das im Krieg fast völlig zerstört worden war, sah jetzt modern aus. Ich erkannte nur noch die Petruskirche und einen Flügel des alten Rathauses, mitten in dem neuen Viertel. Kein Wunder, wenn die Touristen an der Kirche vorbeifahren, ohne sie zwischen den Hochhäusern zu entdecken.

Ich ging in die Petruskirche und wurde sofort um dreißig Jahre zurückversetzt. Da waren noch die Ritterdenkmäler und Grabsteine aus dem Mittelalter, die ich als Junge immer mit Ehrfurcht angeschaut hatte. Das alte Fensterglas war leider durch modernes abstraktes Glas ersetzt worden.

Mit wachsendem Heimwehgefühl verließ ich die Kirche und ging in das alte Rathaus, wo das Stadtmuseum noch erhalten war. Ich war froh zu sehen, daß all die alten Gemälde, darunter zwei von Rubens sind, an den Wänden hingen, und daß sich die einmalige Sammlung von französischen Uhren, die ein früherer Bürgermeister der Stadt vermacht hatte, immer noch in ihren Schaukästen befand.

Bei Nacht war die Stadt noch mehr verändert, als bei Tag. Moderne beleuchtete Brunnen plätscherten in den Gartenanlagen, wo früher Fachwerkhäuser in Gassen gestanden hatten, viele hundert Lampen glühten ringsum, und Lichtreklamen in allen mög-

lichen Farben schossen wie Feuerwerk an den Hochhäusern hinauf.
Damals war die Stadt viel stiller und dunkler und verschlafener
gewesen. Ich flüchtete an die Rheinpromenade, wo sich eigentlich nichts
verändert hatte. Hier konnte ich stehen, die frische Nachtbrise
spüren, und das Hupen eines späten Dampfers vernehmen. Der
riesige Strom trieb still vorbei, und indem ich mich plötzlich um
dreißig Jahre jünger fühlte, war ich im Herzen endlich wieder zu
Hause.

28 Through the mountain by car-train
(Outline and continuation material p.66)

Hugo, ein Handelsreisender aus Hamburg, und seine Braut Irma,
verbrachten letztes Jahr ihre Sommerferien in den Bergen. Sie
waren den ganzen Tag in ihrem Sportwagen von Chamonix in
Frankreich durchgefahren, und hatten vergeblich ein Hotelzimmer
im oberen Rhonetal gesucht. Da es spät am Nachmittag war, und
sie sehr müde waren, begannen sie zu fürchten, daß sie für die
Nacht überhaupt keine Unterkunft finden würden.

Dann bemerkte Hugo ein Schild mit der Aufschrift: ‚Autotransport durch den Lötschberg'. Er erinnerte sich daran, daß man sein
Auto mit dem Zug durch den berühmten Lötschbergtunnel tran-
sportieren lassen konnte, um einen Umweg von vielen, vielen
Kilometern über steile und enge Straßen zu vermeiden.

Er bog ab, fuhr eine Bergstraße hinauf und erreichte nach einigen
Kilometern die Station Goppenstein, die man oben am Berg neben
dem Tunnelportal gebaut hatte. Er kaufte eine einfache Fahrkarte
zu 26 Schweizer Franken, und wurde auf den Parkplatz gewiesen,
um auf den besonderen Zug zu warten. Die Abendsonne beleuchtete
die Felsen, und Hugo und Irma fühlten sich etwas munterer. ‚Auf
diese Weise erreichen wir Thun, bevor es dunkel wird', sagte Hugo.
‚Ich habe dort Bekannte, bei denen wir bestimmt übernachten
können.'

Ihr Zug fuhr ein, und sie rollten langsam auf die flachen Wagen
zu, die eine Art Straße bildeten. ‚Handbremse fest ziehen, kein
Licht machen' lautete die Vorschrift. Ein Dutzend Autos bildete
hinter ihnen eine Schlange, und dann ging es los. Langsam zuerst,
dann aber immer schneller, fuhr der Zug in den dunklen Tunnel
hinein, bis der Wind an ihnen vorbeisauste. Hugo hatte Angst, daß
die beiden Koffer, die er oben befestigt hatte, wegfliegen würden.
Der Lärm dröhnte ihnen in die Ohren. Sie schätzten, daß sie mit
mindestens 150 Stundenkilometern fuhren, was in der völligen

29

Dunkelheit noch schneller schien. Nach zwanzig Minuten begann sich das Tempo zu verlangsamen, und sie erblickten das blaue Tageslicht in der Ferne. ‚Gott sei Dank!' sagte Irma, und gab Hugo einen Kuß. Als sie wieder ins Freie kamen, regnete es zu ihrer großen Überraschung in Strömen. Irma begann zu lachen. ‚Das ist einfach zu toll. Wollen wir nicht lieber zurückkehren?' ‚Nein', sagte Hugo. ‚So ist es in der Schweiz: morgen scheint die Sonne auch hier. Komm, Liebling, wir trinken schnell mal einen Kaffee, bevor wir weiterfahren.'

29 The fall of Königsberg (Outline and exercise p.67)

Bis zum Jahre 1944 war die alte Stadt Königsberg nicht nur Hauptstadt von Ostpreußen, sondern auch einer der interessantesten Orte in Deutschland. In der Stadtmitte stand die riesige Burg mit dem Königsdenkmal davor. Auf einer Insel des Flusses Pregel befand sich der alte Dom. An den Kais verkauften die Fischer ihre Fische, und viele Schiffe besuchten jede Woche den Binnenhafen.

Ich war erst sechs Jahre alt, als die Bombenangriffe begannen. Mein Vater war schon lange bei der Armee, wo er gegen die Russen kämpfte. Mutter und ich mußten in jenem schlimmen Jahr fast alle Nächte in dem Luftschutzbunker im Keller verbringen. Jeden Morgen stiegen wir die Treppe wieder hinauf, nur um wieder eine neue Ruine zu entdecken. Die Bomben zerstörten alle Gebäude, die sie trafen. Sogar die Burg wurde schwer beschädigt, und die Straßenbahnen fuhren nicht mehr, weil die Straßen voll Schutt waren.

Das war schlimm genug. Am Ende des Jahres hörten wir aber böse Nachrichten: die Russen waren schon in der Nähe, und sie würden die Stadt Königsberg, die in Ruinen stand, bald einnehmen. Natürlich verstand ich sehr wenig davon — nur, daß wir unsere zerstörte Stadt verlassen, in einen Zug einsteigen und durch die Winterlandschaft westwärts fliehen mußten.

Zum Glück erschien mein Vater. Er hatte Urlaub bekommen und auch die Erlaubnis, uns bis Berlin zu begleiten. ‚Dort könnt ihr bei Tante Marga wohnen', sagte er, ‚bis sich die Lage verbessert.'

Auf dem Hauptbahnhof waren so viele Leute, daß wir Angst hatten, den Zug zu versäumen. Tausende wollten fliehen wie wir. Gott sei Dank hatten wir einen Vorteil als Familie mit einem Kind, denn man ließ uns rechtzeitig durch zum Bahnsteig, wo wir in einen schon überfüllten Zug einstiegen. Ich werde den letzten Anblick meiner Heimatstadt nie vergessen, als wir aus dem Bahnhof dampften. Leute winkten, weinten, blickten zum letzten Mal auf die traurige Ruine, die einmal Königsberg gewesen war. ‚Das ist unsere Schuld, alles unsere Schuld', murmelte mein Vater, aber ich wußte damals nicht, was Schuld war. Unsere Flucht geschah zur rechten Zeit. Ein paar Wochen später wurde die Stadt überrannt und noch einmal in Brand gesetzt. Die Leute, die dort geblieben waren, litten furchtbar. Heutzutage existiert Königsberg nur noch in der Erinnerung von alten Leuten.

30 An unusual way to locate missing persons (Outline and English-German translation p.67)

Der Künstler Max Hoffgen hat ein ungewöhnliches Hobby. Zweimal in der Woche geht er zu dem Hauptbahnhof, wo es vier Fotoautomaten gibt. Besonders an den Wochenenden setzen sich viele Reisende und andere Passanten in diese Automaten, um sich fotografieren zu lassen. Das geschieht nämlich ganz schnell: nachdem sie sich hastig gekämmt haben, werfen sie ein Geldstück in den Schlitz ein, dann schauen sie nach vorn und warten, bis es viermal geblitzt hat.

Etwas verlegen verlassen sie ihren Sitz und warten einige Minuten draußen, bis der Film entwickelt ist, und vier kleine Bilder aus einer Öffnung erscheinen. Der Fotografierte betrachtet die Bilder, lächelt oder lacht sogar, oder steckt sie einfach in die Tasche, bevor jemand anders sie erblicken kann.

Ziemlich viele werfen aber die Fotos weg und gehen enttäuscht weiter. Max interessiert sich sehr für diese weggeworfenen Überreste: die Gesichter mit ihren vielen verschiedenen Ausdrücken faszinieren ihn. Das sieht wie die Natur aus: unbeholfen, komisch, häßlich sogar. Er klebt die Bilder vorsichtig auf ein großes Brett, wo schon mehr als tausend Gesichter, schwarz-weiß oder farbig, den Zuschauer wie beschwörend anstarren.

Von Zeit zu Zeit, wenn das Brett voll ist, läßt er es fotografieren und Plakate davon drucken. Diese verkauft er an alle, die von dieser seltsamen Kunst ebenso fasziniert sind.

Letzten Monat kam eine Dame sehr aufgeregt zu ihm: sie hatte eines seiner Plakate in dem Schaufenster eines Fotogeschäftes gesehen, und mitten auf dem Plakat waren vier Fotos von ihrem sechzehnjährigen Sohn, der vor drei Jahren von zu Hause weggelaufen war, und den sie in der Zwischenzeit mit Hilfe der Polizei vergeblich gesucht hatte.

‚Wo haben Sie diese Bilder gefunden?' fragte sie. Max nahm sie mit zum Hauptbahnhof, und zeigte ihr den Automaten, vor dem er die zerrissenen Fetzen aufgelesen hatte. Auch das war immer eine reizvolle Aufgabe: die kleinen Teile wie ein Mosaik zusammenzusetzen.

Die Dame meldete alles der Polizei, und nach zwei Monaten wurde ihr Sohn in der Nähe des Hauptbahnhofs entdeckt, wo er Zeitungen verkaufte. Er wurde zu ihr zurückgebracht und mit ihr versöhnt. Max weiß jetzt nicht, ob er ein Fundbüro für Vermißte eröffnen sollte.

The Outlines

Unfamiliar words or phrases which appear in the original pieces but not necessarily in the Outlines are given, where it is thought necessary, under the heading 'Vocabulary'.

1 The lost purse (50–70 words)

Frau Schmidt — mit dem Bus — einkaufen — aussteigen — Tulpen — Blumenladen — Freundin — Frau Spatz — Geldtasche — verlieren — Supermarkt — Damen — Fräulein an der Kasse — finden — froh

2 A heroic deed (50–70 words)

Wasserfall — spielen — Kinder — Ufer — Mädchen — schreien — hineinfallen — Picknick machen — Bruder Helmut —Kleider ausziehen — springen — Bach — im Wasser stehen — nicht tief — herausbringen — Vater geben — zehn Mark

3 Nearly a nasty accident (80–90 words)

Helga — in die Stadt — Studentin — Bücher kaufen — Straßenbahn — aussteigen — über die Straße — stehenbleiben — Absatz — in dem Gleis — festsitzen — Schuh — los bekommen — entgegenkommen — überfahren — stoppen — freimachen — Schraubenzieher — Trinkgeld

Vocabulary

auf demselben Gleis: on the same track
rechtzeitig: in (good) time
mürrisch: ill-humouredly

Grammar and exercises

A   When using a double verb, such as 'stehenbleiben' (to stop), conjugate only the second verb:
   Ich bleibe/blieb stehen.
   Ich werde/würde stehenbleiben.
   Ich bin/war stehengeblieben.
'Steckenbleiben' means to get stuck.
Other such verbs are:
   spazierengehen: to go for a walk
   sitzenbleiben: to remain (sitting)
   liegenbleiben: to remain (lying)

33

Rewrite the following, putting the verb into the imperfect tense, and translate the sentence:
1 Wir werden im Park spazierengehen.
2 Sie ist auf ihrem Stuhl sitzengeblieben.
3 Unser Wagen bleibt in dem Schlamm (mud) stecken.
Continue, changing each sentence into the perfect tense:
4 Das Buch bleibt auf dem Tisch liegen.
5 Wir fahren mit dem Auto spazieren.
6 Er lernt mich in Berlin kennen.

B Separable prefixes You will have noticed that the first part of a double verb remains in the infinitive and, like a separable prefix, goes to the end of the phrase in the present and imperfect tenses.

Here are some separable verbs from the piece:

aussteigen (to get out): Wir *stiegen* aus der Straßenbahn *aus*.
festsitzen (to be jammed tight): Der Absatz *saß* in dem Gleise *fest*.
freimachen (to free): Er *machte* den Schuh mit einem Schraubenzieher *frei*.
herausziehen (to pull out): Ich *zog* den Schuh nicht *heraus*.
entgegenfahren (to travel towards): Eine Straßenbahn *fuhr* uns *entgegen*.
anhalten (to stop, come to a halt): Der Fahrer *hielt* rechtzeitig *an*.

Note how the prefix is placed on the front of the past participle:
    freimachen→freigemacht
    anhalten→angehalten

Copy the following sentences into the perfect tense and translate:
1 Ein Lastwagen fuhr uns entgegen.
2 Der Zahnarzt zieht den Zahn heraus.
3 Unser Schlitten sitzt im Schnee fest.
4 Mein Bruder läuft mir entgegen.
5 Das Gericht spricht den Gefangenen frei.

4 Not the best way to explain the dent in the car
(90–100 words)

Regnen — Herr Gunecke — im Verkehr — fahren — Hauptstraße — Zirkusumzug — stehenbleiben — sich setzen — Elefant — auf die Haube — zornig — zuwinken — Polizist — anhalten — diese Beule — auf mein Auto — nicht glauben — führen — zur Polizeiwache

Vocabulary
vorbeiziehen: to move past, go by
beschädigen: to damage
verärgert: annoyed
zum Besten haben: to pull (someone's) leg

34

Grammar and exercises

A Conjunctions

(i) Co-ordinating conjunctions do not affect the word order:
'Es regnete, *und* der Verkehr fuhr langsam.'
It was raining and the traffic was going slowly ('English' order).
'Er mußte anhalten, *denn* ein Zirkusumzug rollte vorbei'. He had
to stop, for a circus procession was rolling past.
1 Link the following two sentences, using 'aber' (but, however):
Herr Gunecke erklärte alles. Der Polizist glaubte ihm nicht.
2 Link the two sentences, using 'sondern' (but instead):
Herr Gunecke meldete keinen Unfall. Er fuhr zornig weiter.
Translate the results.
(ii) Subordinating conjunctions send the verb to the end of the
clause which they begin:
'*Als* er in die Hauptstraße einbog, mußte er anhalten'
'Er war wütend, *weil* der Elefant sein Auto beschädigt hatte'
'Er sah, *wie* ein Polizist ihm zuwinkte'
*1 Combine the sentences, using 'obgleich' (although) as the first
word:*
Herr Gunecke erzählte alles. Der Polizist brachte ihn zur
Polizeiwache.
2 Combine the following, using 'während' (while):
Man wartete ungeduldig. Ein Elefant setzte sich auf die Haube des
Autos.
*3 Combine the sentences by putting 'sobald' (as soon as) between
them:*
Er wurde wütend. Er sah die Beule.
*4 Combine the two sentences, putting 'nachdem' (after) between
them:*
Er konnte weiterfahren. Der Umzug war vorbei.
Translate the results.

B Imperative (command) form

'Kommen Sie mit zur Polizeiwache!'
Change the following sentences into the imperative form.
Example: Er bog in die Hauptstraße ein→Biegen Sie in die Hauptstraße ein!
1 Er hielt hinter dem Umzug an.
2 Sie meldete den Unfall bei der Polizeiwache.
3 Er setzte sich dorthin.
4 Sie fuhr immer geradeaus durch die Stadt.

5 Something for everyone at the Federal garden show
(100–120 words)

Familie Breitenstein — stehen — Morgen — vor den Toren —

Bundesgartenschau — Vater — kaufen — Familienkarte — hinein-
gehen — viel zu sehen — Blumenbeete — Franz — mit der kleinen
Eisenbahn — durch den Park — Mutter und Tochter — Blumen
bewundern — Vater — Lokomotive fotografieren - um zwölf — im
Restaurant — sich treffen — wollen — Fernsehturm — mit dem
Lift hinauffahren — Bier trinken — See — in einem Kahn fahren
— an der Endstation — Wildwestdorf finden — sich anfreunden
mit — zum Treffpunkt zurückkehren — halb eins — Hunger haben
— den Jungen finden — Freund zum Mittagessen einladen

Vocabulary

versammelt: collected, gathered together
der Wasserzerstäuber: sprinkler
bewässern: to water
bestehen auf: to insist on
die Nelke: carnation
eine Verabredung treffen: to make an arrangement
die Ausstellung: exhibition
die Anlagen: grounds
der Treffpunkt: rendezvous
der Verschwender: spendthrift, prodigal

Grammar and exercises
  Adjective endings

a) (i) After 'der', 'die' (singular) and 'das', the adjective *always*
ends in –e:
'der riesige Park', 'die alte Lokomotive', 'das farbige Blumenbeet'.
  (ii) After 'den', 'dem' (masc. and neut.), 'der' (fem.), 'des' (masc.
and neut.) and the plural forms 'die', 'der' and 'den', the adjective
always ends in –en:
'den hohen Fernsehturm',
'vor dem schönen Blumenbeet',
'in der interessanten Ausstellung',
'vor den großen Toren' etc.

Copy, supplying the appropriate ending where necessary:
1 Der hoh- Fernsehturm steht hinter dem klein- See.
2 Mit den schnell- Liften fahren durstige Väter zu der geräumig-
  Bar hinauf.
3 Die meist- Leute genießen die frisch- Luft des groß- Parks.

b) (i) After 'ein' (masc.) and the possessives 'mein' etc., the adjec-
tive takes the 'der' ending: 'ein neuer Fernsehturm'.
After 'ein' (neut.) the adjective takes the 'das' ending: 'ein schönes
Blumenbeet'.

If 'ein' ends in –e, so will its adjective:
'eine kleine Eisenbahn'.

(ii) After 'einen', 'eines', 'einem' or 'einer' the adjective *always*
ends in –en:
'einen schattigen Baum',
'eines herrlichen Wildwestdorfes',
'einem großen See',
'seiner ungeduldigen Tochter'.

Copy, supplying the appropriate ending where necessary:
4 Mein unartig- Junge kam mit seinem neu- Freund zurück.
5 Ich fuhr mit einem modern- Lift zur Bar, wo ich ein kühl- Bier
trank.
6 Unser klein- Boot fuhr auf einer richtig- Wasserstraße.

6   Caught out in the mountains (120–140 words)

Herr und Frau Benthemann — einen Ausflug machen — in die
Berge — eine Seilbahnfahrt — für die Kinder — etwas Neues —
Seilbahn — vorläufig — außer Betrieb — picknicken — neben
einem Wasserfall — Karten lösen — zur Bergstation — hinauffahren — steiniger Weg — führen — zu einem Felsen — Blick auf
einen Gletscher — Joachim — Murmeltier — fangen — wollen
— Wolke — hinter einem Gipfel hervorkommen — anfangen —
rennen — Hagelsturm — zu schnell — Sturm — vorbei — alles
— glänzen — Annette — weinen — Mutter — versprechen —
warmen Kakao — Bergstation— hinunterfahren — Wasserfall —
bräunlich — werden

Vocabulary

die Seilbahn: cable car
das Personal: the staff
schäumen: to foam
schweben: to hover
überallhin: anywhere, everywhere
das Murmeltier: marmot
ermahnen: to warn
überraschen: to overtake, surprise
vernebelt: blotted out
niederprasseln: to pelt down
trösten: to comfort
Überreste: traces

Translate into German:
1 That was something interesting for him.
2 I have been on a cable-car trip.

3 The staff have already had lunch.
4 He looked across at the lower station.
5 Have you bought the tickets?
6 The path leads to a beautiful waterfall.
7 Have you taken many pictures?
8 The marmot has found something good to eat.
9 Annette came out from behind a rock.
10 I ran fast, but the rain caught me up.
11 The hailstones drummed on our heads and shoulders.
12 Father comforted his son by giving him a Coca-cola.

7 Trouble from a smoking chimney (100–120 words)

Drei Schwestern — wohnen — altes Haus — Dorf — Wind — blasen — Kamine rauchen — älteste, Maria — bleiben — Zimmer — jüngste, Agathe — einkaufen — kochen — eines Tages — zurückkommen — Arzt — finden — mit Eva sprechen — kleines Unglück — geschehen — Rauch — Feuer — drohen — Maria ersticken — Schornstein — reparieren — Maria — einige Tage — im Bett

Grammar and exercises

A   Prepositions
'In' causes a lot of trouble, because of the wáys in which it is used:
(i) 'In' can be followed by the accusative, denoting movement: 'Sie zog sich *in ihr Zimmer* zurück' (She retired to her room);
(ii) or by the dative, denoting rest/position: '*In einem großen Haus in der Mitte* des Dorfes' (In a large house in the centre of the village);
(iii) It is used in certain expressions of time: '*im* Jahre 1965', '*im* Januar', '*in* der Nacht'.
(iv) It combines with the article 'das' or 'dem': 'Er kam *ins* Zimmer. Er wohnte *im* Haus.' These contracted forms need care.
Here is a quick check-list of common prepositions grouped according to case:

ACC. or DAT.		ACC. always
an	neben	durch
auf	über	für
hinter	unter	gegen
in	vor	ohne
zwischen		um

DAT. always		GEN. always
aus	seit	außerhalb
bei	von	innerhalb
mit	zu	trotz
nach		während
		wegen

Here are 12 examples of prepositions taken from the piece:
In einem großen Haus: in a large house
Hinter Bäumen: behind trees(dat.)
Durch ein Loch: through a hole
Seit dem Tode: since the death
In ihr Zimmer: into her room
Für das Haus: for the house
Aus dem Dorf: from the village
Aus den Schornsteinen: out of the chimneys
Vor der Haustür: outside the front door
Ins Haus: into the house
Im Wohnzimmer: in the living-room
Mit Eva: with Eva

Copy the following, using a preposition from the list in the box below, to fill each gap. Each preposition is to be used only once. Pay attention to the sense.
‚Ein Brief ist — Sie da', sagt meine Sekretärin und zeigt — meinen Schreibtisch. — des herrlichen sonnigen Morgens bin ich böse — ihr. Nicht, daß ich etwas — sie habe. Es ist nur, daß sie mich immer genau überprüft, wenn ich — die Tür komme. Sie sitzt da — meinem Schreibtisch, wenn ich — zehn — neun — mein Büro komme. — sie anzusehen, setze ich mich hin, strecke die Füße — meinem Schreibtische aus, und warte. — einer ganzen Minute schweigen wir, und ich weiß, was sie immer denkt: er ist zehn Minuten zu spät — der Arbeit gekommen.

um, trotz, zu, auf, ohne, gegen, während, für, unter, vor, in, mit, nach durch.

Complete the following, putting the appropriate form of 'der' in the gap:
1 Sie ging an — Fenster.
2 Er lief möglichst schnell aus — Wald.
3 Gestern haben wir einen Ausflug an — See (f.) gemacht.

4 Wegen — Hitze konnte man nicht arbeiten.
5 Ich habe sie seit — Kriege nicht mehr gesehen.
6 Das Haus stand zwischen — Mühle und — Bauernhof.
7 Der Junge wohnte bei — alten Tante.
8 Der Ball ist unter — Stuhl gerollt.
9 Wir wohnen neben — guten Freunde.
10 Sie wohnt außerhalb — hübschen Dorfes.

B   *Tenses involving two verbs*
(i) The perfect, pluperfect and future tenses all involve the use of two verbs, one being an auxiliary (haben, sein or werden) and the other being the verb that carries the meaning (in the past participle or in the infinitive without 'zu').
Here are some examples from the piece:
Perf. Sie *hat* ein Unglück *miterlebt.*
       She has met with an accident.
       Was *ist* denn *passiert?* What has happened, then?
Fut.   Sie *wird* in ein paar Tagen *genesen.*
       She will recover in a few days.
The auxiliary verb is the second idea, and the past participle or infinitive goes to the end in a single-clause sentence. To form the pluperfect, use the imperfect of haben/sein with the past participle:
   Sie *hatte* vorgestern *telefoniert.*
   She had telephoned, the day before yesterday.
   Der Arzt *war* schon *angekommen.*
   The doctor had already arrived.
(ii) The six modal verbs are normally followed by a second verb in the infinitive, rather like the future tense.
   Compare: Ich werde morgen kommen.
             Er muß morgen kommen.
The six verbs are:
   dürfen (to be allowed to),   können (to be able to),
   müssen (to have to),   sollen (to be obliged to),
   wollen (to want to),   mögen (to like to)
Again, the infinitive is used without 'zu', and placed at the end of the clause. Here are some examples from the piece:
'Der Schornstein *muß* baufällig *sein*'
The chimney must be falling down.
'Sie *soll* ruhig im Bett *bleiben*'
She is to rest quietly in bed.

Programmed drill

Cover the right-hand column with a card or piece of paper. Look at the first item in the left-hand column, translate it and check your answer by moving the card down until the first item on the right is revealed. Translate into or out of German according to the item on the left.

Er hat einen Apfel gegessen.	He has eaten an apple.
He had eaten an apple.	Er hatte einen Apfel gegessen.
Sie wollte einen Apfel essen.	She wanted to eat an apple.
She was allowed to eat an apple.	Sie durfte einen Apfel essen.
Ich werde meine Violine spielen.	I shall play my violin.
She has played her violin.	Sie hat ihre Violine gespielt.
Wir haben ein Unglück miterlebt.	We have met with an accident.
They had met with an accident.	Sie hatten ein Unglück miterleb.
Tante war bald genesen.	Aunt had soon recovered.
She will soon recover.	Sie wird bald genesen.
Ich muß ihn anrufen.	I must ring him up.
She has rung me up.	Sie hat mich angerufen.
Er wird das Feuer löschen.	He will put out the fire.
We must put out the fire.	Wir müssen das Feuer löschen.
Du sollst den Arzt holen.	You are to fetch the doctor.
They can fetch the doctor.	Sie können den Arzt holen.

You are advised to work through this drill at least twice.

8 The reason for Aunt's unpleasantness (120–140 words)

Tante Grete — trocken — totes Blatt — Bewegung — genau — sparsam — Stimme — klar — uninteressant — kritisieren — sagen — nicht mögen — nie böse — lassen — essen — was ich wollte — zu tun haben — Onkel Wolf — unangenehm — eines Tages — spazieren — erzählen — Grund — vor zwanzig Jahren — sich verlieben — Sekretärin — kurz dauern — die Affäre entdecken — entlassen — unter dem Daumen — Sünde — vergeben

Vocabulary:
unverheiratet: unmarried
ohne jede Wärme: devoid of all warmth
ausstehen: to stand (someone)
schicken: to send
peinigen: to torment, bother
umziehen: to move
imstande sein: to be in a position

Grammar and exercises

Modal Verbs (Look again at section (ii) of the follow-up material to piece 7 for examples).

Here are instances of the modal verbs in the imperfect tense, from piece 8:
'Ich *konnte* sie nicht ausstehen'
I could not stand her.
'Ich *durfte* essen, was ich *wollte*'
I was allowed to eat what I wanted.
'Ich *mochte* sie nicht'
I did not like her.
'Ich *mußte* die Wochenenden bei ihr verbringen'
I had to spend the weekends at her house.
You will see that a modal verb can be used on its own without another verb.

When used in the perfect tense, a modal verb takes 'haben' as auxiliary verb and, if there is another verb in the clause, the modal is tacked on after it in its infinitive form (not past participle) e.g.:
The perfect of 'Ich *konnte* sie nie ausstehen'
is 'Ich *habe* sie nie ausstehen *können*'
I have never been able to stand her.
If there is no other verb, the modal is used in its past participle form: gedurft, gekonnt, gemußt, gesollt, gewollt, gemocht, e.g.
The perfect of 'Ich *mochte* sie nicht'
is 'Ich *habe* sie nie *gemocht*'.
I have never liked her.

Change the following into the perfect tense, and translate the result:
1 Sie mußte andere Leute ständig kritisieren.
2 Wolltest du das Wochenende dort verbringen?
3 Er mag ihre Stimme nicht gern.
4 Wir dürfen nie einen Spaziergang allein machen.
5 Sie kann nicht die kleinste Sünde vergeben.

The pluperfect tense of a modal verb is formed simply by using the imperfect of 'haben', everything else remaining the same, e.g.
Er *hatte* nicht kommen dürfen.
He had not been allowed to come.

Translate into German:
6 They had wanted to go for a walk.
7 She had never been able to forgive the slightest sin.
8 We had had to spend the day with her.
9 They had always liked to eat with us.

9   The ascent of Schynige Platte — 1 (90–110 words)
Julimorgen — warten — Bergsteiger — Touristen — Abfahrt — Zug — Wilderswil — Wetter — schön — Berge — klar — Christoph

— Eltern — Platz finden — abfahren — japanische Gruppe —
verpassen — nehmen — den nächsten — steile Bahnstrecke hin-
aufdampfen — kühle Wälder — anhalten — Züge vorbeilassen
— Wald verlassen — fahren — Wiesen — Felsen — Interlaken
— der Brienzer See — liegen

Vocabulary
den größten Teil bilden: to form the majority
sich abheben von: to stand out against
zischen: to hiss
aufgeregt: excited
eine unbehinderte Aussicht auf: an uninterrupted view of
die Gleise: railway tracks
verhindern: to prevent
zurückrollen: to roll, glide back

Answer the following in English:
1 What kind of people were to be seen at Wilderswil station?
2 Why was it a good day for walking?
3 What was the advantage of the seat at the front of the train?
4 Why were the Japanese disappointed?
5 How did the railway differ from the usual kind?
6 Describe the mountain up which they were travelling.
7 What was visible far beneath them?

10 The ascent of Schynige Platte — 2 (110–130 words)

Zug — erreichen — Bergstation — sehen — riesig — schneebedeckt
— Berg — Eiger — sich interessieren mehr für — Eis — besuchen
— Alpengarten — Edelweiß — Enzian — Felsen — Rast machen
— Kühe — Glocke — weiden — ruhig — Leute — auf der
Hotelterrasse — lieber — spazierengehen — Zeit — hinunterfahren
— Junge — zu Fuß — Mutter — mit dem Zug — nach vier Stunden
— Vater und Sohn — erscheinen — den Jungen tragen

Grammar and programmed drill

Idioms using the verb 'machen'
'Machen' does not mean just 'to make, to do'. Study the following
idioms from the piece:
'Der Zug machte einen Bogen' — the train rounded a curve.
'Sie machten Rast' — they stopped, had a rest.
'Die beiden Männer machten den Talweg zu Fuß' — the two men
walked down (made the descent on foot).
There are many such idioms. Here are a few of the more common
ones:
einen Spaziergang machen: to go for a walk
einen Ausflug machen: to go on a trip

43

Dummheiten machen: to fool about, be silly
Spaß machen: to be good fun
Licht machen: to turn on the light
sich auf den Weg machen: to set off
Das macht nichts: that doesn't matter
Das macht mir nichts aus: I don't care about it

Programmed drill

Cover the right-hand column. Translate each item in the left-hand column into the other language, uncovering its equivalent on the right afterwards, to check your answer.

Wir machten einen Spaziergang	We went for a walk
When did he go for a walk?	Wann machte er einen Spaziergang?
Wann machte er sich auf den Weg?	When did he set off?
I set off yesterday	Ich machte mich gestern auf den Weg
She set off for Interlaken	Sie machte sich auf den Weg nach Interlaken
Machtest du einen Ausflug nach Brienz?	Did you go on a trip to Brienz?
We didn't go on the trip	Wir machten den Ausflug nicht
Das machte uns gar nichts aus	We didn't care about it at all
She didn't care for the trip	Der Ausflug machte ihr nichts aus
Es machte natürlich nichts	Of course it didn't matter
The children were fooling about	Die Kinder machten Dummheiten
Das macht ihnen immer Spaß	That's always good fun for them
That's not good fun for me at all	Das macht mir gar keinen Spaß
Ich bat ihn, Licht zu machen	I asked him to turn on the light
They didn't turn on the light	Sie machten kein Licht.

You are advised to work through this drill at least twice.

11 A dip in the forest (130–150 words)

Jungen — Ausflug machen — Fahrräder — auf das Land — Hans — alles zu essen und trinken — Michael — Landkarte — Fotoapparat — verlassen — Landstraße — in den Wald — Lichtung — haltmachen — Butterbrot — Karte studieren — Fernsehsender — wissen — wo sie waren — entdecken — Bach — Steine holen — Damm bauen — stolpern — hineinfallen — ein lustiges Bild machen

44

Grammar and exercises

A The Reflexive Verb

If a verb has an object which is the same person or thing as the subject, the verb is reflexive. This is clear with verbs that are reflexive in both languages, e.g. sich waschen, to wash (oneself), but less obvious with verbs that are reflexive in German but not in English, like the two in this piece: sich ausruhen, to rest; sich amüsieren (über), to have a laugh (about).

The pronoun 'sich' is used with the infinitive, e.g. 'Es ist schön, sich auszuruhen', and when the subject pronoun is 'er, es, man, sie (she/they)' or 'Sie'. Otherwise, the normal personal pronouns are used ('mich — mir' etc.)

Note that 'sich' can be used without a verb:
'Er hatte einen Spirituskocher bei *sich*':
He had a cooking stove with him.

Here are two brief lists of reflexive verbs. List A consists of verbs which are reflexive in German and English, and list B consists of verbs which are reflexive in German only.

A	B
('o.s.' = oneself)	
sich amüsieren — to enjoy o.s.	sich beeilen — to hurry
sich anziehen — to dress o.s.	sich befinden — to be (situated)
sich ausziehen — to undress o.s.	sich erholen — to get better
sich kämmen — to comb one's hair	sich freuen — to be glad
sich bürsten — to brush one's hair	sich öffnen — to open
sich waschen — to wash o.s.	sich schließen — to close
	sich setzen — to sit down

Look at this sentence: Ich freue mich, daß er sich erholt hat.

Translate into German:

1 We are glad that they have got better.
2 She is glad that you (du) have got better.
3 They are glad that we did not hurry (perfect tense in second verb).

Study this sentence: Ich kämmte mir eben das Haar, als sich die Tür öffnete.

Translate into German:

4 He was just brushing his hair when the door closed.
5 We were just sitting down to enjoy ourselves.

Study this sentence: Das Zimmer, wo ich mich wusch, befand sich im ersten Stock.

Translate into German:

6 The rooms where they got dressed are on the second floor.

7 The bedroom where he got undressed was on the third floor.

8 He saw the door shut behind him (where 'him' refers to another person).

B Conditional sentences using pluperfects

'It would have been difficult if we had not caught sight of the TV transmitter':

'Es *wäre* schwer *gewesen*, wenn wir den Fernsehsender nicht *erblickt hätten*.'

This construction is easier to form than it appears, and requires merely the use of the imperfect subjunctive of haben/sein with the past participle, in both clauses. In the 'wenn'-clause, the two verbs always stand at the end, in reverse order. If the main clause comes first, as above, the auxiliary verb ('wäre') is in second place, the past participle ('gewesen') at the end.

Without changing the sense of the sentence, we can put the 'wenn'-clause first. Note the change in the word-order of the main clause:

'Wenn wir den Fernsehsender nicht *erblickt hätten*,
wäre es schwer gewesen'.

The two auxiliaries, 'hätten' and 'wäre' meet, with a comma between.

The formation of the imperfect subjunctive of haben/sein is similar to the imperfect indicative:

ich	hätte	wäre
du	hättest	wärest
er		
sie	hätte	wäre
es		
wir		
Sie	hätten	wären
sie		
ihr	hättet	wäret

In the following exercise, change the 'real situation' statement (describing what happened) into an 'unreal situation ' statement (describing what would have happened), e.g.

you see: Er verließ die Landstraße und erreichte den schattigen Wald.

you write: Wenn er die Landstraße verlassen hätte, hätte er den schattigen Wald erreicht,

and translate the result: 'If he had left the main road, he would
have reached the shady forest'.

1 Wir hatten den Tag frei und machten eine Radfahrt.
2 Er fuhr nicht vorsichtig und fiel mit seinem Rad.
3 Die Jungen machten nicht in der Lichtung halt, und sie bemerk-
ten den schönen Vogelgesang nicht.
4 Michael brachte die Karte mit, und sie entdeckten die Richtung
sehr leicht.
5 Er fiel ins Wasser, und Hans machte ein lustiges Bild.

12 Visit to a potash mine (130–150 words)

englische Schulgruppe — aussteigen — begrüßen — Kaliwerk
Hansa — zählen — Kali — Düngemittel — wichtig — Kittel —
Helm — anziehen — Aufzug — in die Erde hinabfahren — Fahrt
— dauern — nicht lange — sich befinden — Tunnel — Wände
— glitzern — sauber — im Vergleich zu — schmutziges Bergwerk
— mit dem Zug — Kalisalz — schimmern — verschiedene Farben
— riesige Höhle — Begleiter — zeigen — erstaunliche Kristalle
— Scheinwerfer — Gruppe — zum Grubeneingang hinauffahren
— duschen — englischen Tee trinken

Grammar and exercise

Verbs ending in –ern, –eln, –nen, –men.

Most infinitives end in –en, which is removed if the stem of the
verb is required. There are a number of weak verbs, however, which
end differently, e.g.:
    wandern (to hike), basteln (to make models, etc.)
To get the stem of such a verb, remove only the –n, e.g:
    wander–, bastel–.
Then form the tense in the usual way:
    Present: ich wand(e)re, du wanderst.
    Imperfect: ich wanderte, du wandertest.
    Perfect: ich bin gewandert.
Here is a list of such verbs: (* = found in the piece)
    bewundern: to admire
    dauern: to last, take (time)*
    sich erinnern: to remember
    glitzern: to sparkle*
    klettern: to climb, clamber
    sich nähern: to approach
    schimmern: to shine*
    verbessern: to correct
    wandern: to hike

zögern: to hesitate
bastein: to make things
jubeln: to rejoice
klingeln: to ring
lächeln: to smile
verwandeln: to transform*

Here are three other weak verbs which end in –en, but have awkward stems:
atmen: to breathe (atm–)
öffnen: to open (öffn–)
trocknen: to dry (trockn–)
An attempt to add the weak verb tense endings to these (especially in the imperfect) will usually produce an unpronounceable result: du atmst/atmtest
The rule is the same as with verbs whose stems end in –d or –t: oil the works, the drop of oil always being an 'e': du atmest/atmetest.

Translate into German:
1 He was breathing quickly.
2 Did you make this model aeroplane? (Perfect Tense)
3 The white walls sparkle in the light.
4 We ate dried fish (past participle as adjective).
5 I admired the enormous cave.

Answer the following questions in English:

1 Why did the English children get out so slowly?
2 What is potash used for?
3 What precautions did the group take before descending?
4 What made the tunnel walls shine?
5 Where did the train take them?
6 Why might the pupils regard the shower as unnecessary?
7 What indicated that the Germans were especially considerate towards their guests?

13 Festival on the lake (100–120 words)

Im August — Fest — Feuerwerk auf dem See — Touristen — letztes Jahr — Bruder Gregor — mit seiner Familie — Abend — kühl — Vorstellung — beginnen — später als geplant — Bilder — am Berghang — aus Kerzen gemacht — den Kindern gefallen — Rakete — in die Luft schießen — Feuerwerk beginnen — ganz hell auf dem See — Zuschauer — zufrieden

Vocabulary

die Mücke: midge
hochschießen: to soar up
munter: wide-awake

Multiple choice questions

1 Warum gibt es ein Feuerwerk auf dem See?
   a) Weil die Stadteinwohner alles vorbereiten.
   b) Weil dort jedes Jahr ein Fest stattfindet.
   c) Weil die Touristen immer schönes Wetter genießen.
   d) Weil dort die Brandgefahr geringer ist.

2 Wogegen sollte die Schutzcreme wirken?
   a) Gegen die vielen Mücken, die stechen.
   b) Gegen die Kühle bei Sonnenuntergang.
   c) Gegen den Hunger.
   d) Gegen die heißen Sonnenstrahlen.

3 Warum wurden die Kinder ungeduldig?
   a) Weil die Mücken angefangen hatten zu stechen.
   b) Weil die Vorstellung um halb neun begann.
   c) Weil die Vorstellung spät anfing.
   d) Weil alle Luftballons schon verkauft waren.

4 Wie wußte man, daß die Vorstellung begonnen hatte?
   a) Man sah alle anderen Zuschauer am anderen Ufer.
   b) Die Sonne war schon untergegangen.
   c) Die Leute waren sehr ungeduldig.
   d) Ein Fernsehschirm aus vielen Lichtern leuchtete auf.

5 How were the pictures produced?
   a) By rockets.
   b) By someone lighting lots of candles or lanterns.
   c) On a television screen.
   d) By mountaineers.

6 What was the effect of the display?
   a) It made the lake as bright as day.
   b) The town caught fire.
   c) You could see it clearly on TV.
   d) It sent the children to sleep.

14 An act of charity (130–150 words)

Herr Schäfer — Frau — tot — allein wohnen — großes Haus —
um Mitternacht — traurig sitzen — Haustür — klopfen — Gestalt
— Dunkelheit — durch den Briefeinwurf fragen — keine Antwort

erhalten — Tür öffnen — sehr kalt draußen — Kind — nichts
sagen — fünf Leute — aus den Schatten — arm aussehen — Vater
— man hat uns hinausgeworfen — keine Betten — für eine Woche
einladen — nicht mehr allein

Vocabulary

anfangen: to do
überqueren: to cross
ertönen: to sound
auf der Schwelle: on the threshold

Grammar and exercise

The idiomatic use of prepositions
Apart from their basic meanings (as dealt with in the follow-up
material to piece 7) prepositions are used in many other ways. Here
are some examples from piece 14:
  'Es klopfte *an* die Haustür' — there was a knock at the front
  door ('an' meaning 'at' would normally be used with the dative,
  e.g. 'an der See' — at the seaside),
  auf die Uhr — at the clock
  zum Briefeinwerfen — for posting
  auf die Straße — into the street
  bei sich — with him, at his house
Here are some further examples:
  ein Tisch *aus* Holz gemacht: a table made of wood
  mit 4 Jahren: at the age of 4
  nach seiner Aussage: according to his evidence
  seit 4 Stunden: for 4 hours
  von Kindesbeinen an: since childhood
  zu Fuß: on foot
  Bis Mittwoch muß er wieder da sein: he must be back by
  Wednesday
  durch den Wind (+ passive): by the wind
  Jahr *für* Jahr: year by year
  nicht *um* alles in der Welt: not for anything in the world
  ein Mangel *an* Freundlichkeit: a lack of friendliness
  Er ist stolz *auf* seinen Sohn: he is proud of his son
  hinter dem Dorf: beyond the village
  Wir kommen *in* Hamm an: we arrive at Hamm
  Neben seinem Bruder ist er ein Genie: compared to his brother
  he is a genius
  Er weiß alles *über* Sport: he knows everything about sport
  Was verstehst du *unter* dieser Behauptung? What do you understand by this assertion?

Sie weinte *vor* Freude: she wept for joy
Er starb *vor* Jahren: he died years ago
Verstehen Sie etwas *von* moderner Malerei? Do you know anything about modern painting
Translate the following sentences into English:
1 Er zeigte auf den Schlitz, der zum Geldeinwerfen bestimmt (meant) war.
2 Vor einer Stunde ist sie in Hannover angekommen.
3 Hier ist kein Mangel an Leuten, die etwas von Musik verstehen.
4 Bis nächste Woche will er ein Modellflugzeug aus Holz gebastelt haben.
5 Ich verstand unter seiner Aussage, daß sein Hund immer an der Leine sei.
Translate the following sentences into German:
6 Day by day the coast was buffeted (anschlagen) by the waves.
7 According to this report (der Bericht), the enemy (der Feind) is (sich befinden) beyond these mountains.
8 She is very proud of her daughter who can already write at the age of 5.
9 Compared to our house, their house is a palace (der Palast)

15 A narrow shave in the storm (110–130 words)

Gewitter — auf dem Lande — fürchterlich — mieten — Berghütte — Voralpen — Frau — krank — gewesen — Tage — Liegestuhl — sich ausruhen — schwimmen — wandern — malen — fischen — eines Abends — schwül — Himmel — Sonnenuntergang — feurig — Tiere — suchen — Schutz — dann — Wind — schicken — Kinder — nicht ins Bett — hören — Rauschen — Bäume — Dach — in die Luft fliegen — niemand — schlafen — um drei Uhr — oben — Krach — hinaufgehen — finden — einen riesigen Tannenbaum — Zimmer — Betten — Gott sei Dank — Kinder — nicht tot

Answer each of the following with a complete sentence in German:
1 Was für Unwetter kann es dann und wann auf dem Lande geben?
2 Warum hatte der Autor eine Berghütte gemietet?
3 Wie wußte man am Anfang, daß das Wetter umschlagen (break) würde?
4 Warum wurden die Kinder nicht ins Bett geschickt?
5 Warum konnte man das Rauschen und Brausen in den Bäumen hören?
6 Was verursachte (cause) das laute Krachen?
7 Auf welche Weise hatten die zwei Jungen Glück?
8 In welchen europäischen Ländern findet man solche Berghütten?

16 The problems of interviewing in unusual places
(120–140 words)

Letzten Frühling — fahren — drei andere — Leuchtturm — Wärter — Sohn — interviewen — Filmkamera, Scheinwerfer und Tonbandgerät mitbringen — die See drei Monate lang stürmisch — Nahrung und Post bringen — Boot draußen warten — im Wohnzimmer — mit dem Interview beginnen — Licht ausgehen — kaputt — eine gute Idee — im Lampenzimmer bei Tageslicht filmen — kein Problem — zeigen — Linsen — sich drehen — Küste erreichen — dunkel — Lichtstrahl am Horizont

Vocabulary

die Fernsehgesellschaft: TV company
sich hinwagen: to venture out there

Translate into German:
Last week, a reporter who works for a TV company rang me up. 'Is it true that you saw (perf. tense) the shipwreck (**der Schiffbruch**) on the coast yesterday?'
He wanted to interview me. I went to the TV studio and had to sit in a chair in front of the camera. The light of the lamps was blinding (**blendend**). Near the camera I saw microphones (**Mikrophone**) and a tape-recorder.
The reporter asked me what I had seen. 'I was up on the cliffs (**Klippen**). It was a very stormy day but I could see everything as far as (**bis zu**) the horizon. There was a small boat near the rock where the lighthouse stands. I believe the engine (**der Motor**) had broken down (**kaputt sein**), for the boat was carried by the waves (**die Wellen**) on to the rock.'
'How were things (say 'was it') with the people in the boat?'
'All four of them were rescued (**retten**) by the lighthouse keeper and his son.'

17 Bad luck on the journey home (140–160 words)

Herr Keller — mit seiner Familie — auf der Autobahn — Florenz — Mailand — heißer Tag — Motor — furchtbare Geräusche machen — auf dem Seitenstreifen anhalten — Haube öffnen — Motor rauchen — anscheinend überhitzt — nach einem Telefon suchen — zu einem Bauernhof gehen wollen — Kombiwagen herbeikommen — Mechaniker — untersuchen — Zylinder kaputt — Wagen schleppen — bis zur nächsten Ausfahrt — Garage — Reparatur — einen ganzen Tag dauern — sehr viel Geld — in einem Hotel übernachten — die Fahrt traurig fortsetzen — kein schöner Andenken

Vocabulary

in Richtung X steuern: to make for X
gelangweilt: bored
zu seiner Erleichterung: to his relief
die Reparaturwerkstatt: (car) repair shop

Multiple choice questions

1 Warum waren die Kinder traurig und gelangweilt?
 a) Sie wollten Florenz sehen.
 b) Es war heiß, und sie hatten nichts zu tun.
 c) Ihr Vater hatte die Autobahn verlassen.
 d Sie waren in eine Verkehrsstockung geraten.

2 Warum stoppte Herr Keller?
 a) Weil die Kinder fluchten.
 b) Weil die Landschaft so flach war.
 c) Weil er einen Reifen verloren hatte.
 d) Weil mit dem Auto etwas offenbar nicht in Ordnung war.

3 Was machte Herr Keller?
 a) Er wollte ein Telefon suchen.
 b) Er rauchte eine Zigarette.
 c) Er wollte den Bauernhof besichtigen.
 d) Er arbeitete für den Straßendienst.

4 Was entdeckte der Mechaniker?
 a) Er entdeckte Herrn Keller unter der Haube.
 b) Er entdeckte einen Bauernhof mit Telefon.
 c) Er entdeckte, daß der Motor kaputt war.
 d) Er entdeckte ein Geräusch.

5 Was geschah mit dem Auto?
 a) Herr Keller mußte ein neues kaufen.
 b) Es wurde zu einer Werkstatt geschleppt.
 c) Es wurde für 400 Mark verkauft.
 d) Es wurde an der nächsten Ausfahrt stehengelassen.

6 Warum machte Herr Keller ein langes Gesicht?
 a) Er hatte viele schöne Andenken gekauft.
 b) Er konnte den Mechaniker nicht verstehen.
 c) Die Reparatur war sehr teuer.
 d) Der Mechaniker brauchte eine ganze Woche, um das Auto zu reparieren.

18 An escape attempt (120–140 words)

Der Gefangene — bohren — Tunnel — hier und da — Boden — sandig — Decke stützen — graben — hundertzehn Meter — große

Mauer — hinauskommen — halbwegs am Ziel — stoßen auf —
Felsstück — unmöglich — geradeaus — weiter nach rechts graben
— länger — Luft — schlecht — endlich — ein Schacht — hinauf-
graben — durchbrechen — Abend — erkennen — Gefängnismauer
— sich irren

Vocabulary

erstickend: suffocating
einstürzen: to collapse
unter Tage: below ground
die Entfernung: distance
erst: just, only
das Hindernis: obstacle
anbringen: to put into position, fix
jetzt hieß es: now it was a matter of
dämmern: to grow dark

Grammar and exercise
Adverbs
A German sentence without at least one adverb or adverbial phrase
in it is a rarity. Here are examples of adverbs in the piece:
'Die Arbeit war *auch* gefährlich': the work was *also* dangerous
'Die Erde war *ziemlich* feucht': the ground was *fairly* damp
'Hier und da': here and there
'Genau': exactly
'Er kannte *natürlich* die Entfernung': he knew the distance *of
   course*
'Er hatte *erst* die Hälfte gegraben': he had dug *only* half of it
'Noch nicht': not yet
'Übrigens': in any case
'Das würde *noch* viele Stunden kosten': that would cost him
   many hours *more*
'Endlich': at last
'*Jetzt* hieß es': *now* it was a matter of
'Es hatte *schon* zu dämmern begonnen': it had *already* started
   to get dark
'Er kroch *vorwärts*': he crawled *forwards*
'Die Freiheit lag *immer noch draußen*': freedom *still* lay *outside*
'Drinnen': inside
You are reminded of the adverbs and adverbial phrases to be
found at the end of the *Introduction to the Student*.
   If an adverb is put in first place, it attracts the verb: 'Schon hatte
es zu dämmern begonnen.'
   Here are some more very common adverbs which must be learnt:
bald — soon   nie — never
dann — then, next   nun — now

fast — almost
ganz — quite
gar nicht — not at all
genug — enough
immer — always
kaum — scarcely
nicht — not
nicht mehr — no longer

nur — only
plötzlich — suddenly
sehr — very
sofort — immediately
sogar — even
sonst — normally, otherwise
vielleicht — perhaps

Translate into German:
1 There were only three men inside.
2 Soon there will no longer be open country (**unberührtes Gelände**)
3 That is by no means sufficient (say 'not at all enough')
4 Then he suddenly hit me (perfect tense).
5 Perhaps he was very angry.
6 Even my parents came, which (**was**) they (add 'normally' here) scarcely ever (omit 'ever') do.
7 They are almost always at home.
8 This is not quite what I expected (**erwarten**).

19 A preview of a brand-new school (120–140 words)

Eine moderne Schule besichtigen — interessant — letzten Sommer — Realschule — neben dem Gymnasium — Gebäude — aus Glas und Beton — wie ein Krankenhaus — langer, breiter Gang — Klassenzimmer — hinter Betonmauern — Fenster — in der Decke — Bild — das Fach beschreiben — studieren — in der Mitte — Platz — Drama — Musik — Kino — mit dem Lift — Lehrerzimmer — Kinder sollten kommen — folgende Woche — Zug — Moped — zu Fuß — Schule bunt und lebendig

Vocabulary

die Baukunst: architecture
ausgelegt mit: covered with
automatische verdunkeln: to blackout automatically
der Friedhof: cemetery

Grammar and exercise

The Relative Pronoun
Study these examples taken from the piece:
   'Ein Bach, *der* von den Hügeln herunterfloß'
   A stream *which* flowed down from the hills.

55

'Ein Gang, *der* sich über die ganze Länge des Gebäudes erstreckte, und *dessen* Boden mit Gummi ausgelegt war'
A corridor *which* ran the whole length of the building and *whose* floor was covered with rubber.
'Bilder, *die* auf die verschiedenen Fächer hinwiesen'
Pictures *which* designated the various subjects.
'Ein Platz, *den* man als Theater benutzen konnte'
A space *which* could be used as a theatre.
'Der Zug, *der* an der Station anhalten würde, *die* man extra gebaut hatte'
The train *which* would stop at the halt, *which* had been specially built.

Although the relative pronoun ('who', 'which') exists in the four cases, it is normally sufficient to know its nominative (subject) and accusative (direct object) forms, up to first examination level. These are as follows:

	Masc.	Fem.	Neut.	Plural
Nom.	der	die	das	die
Acc.	den			

These forms are the same as the definite article, but are used differently: (i) the relative pronoun is *always* preceded by a comma in German and (ii) it sends the verb(s) to the end.

Being a pronoun, it looks back at a noun or name, which gives the clue as to which *column* (masc., fem., neut., or plural) the relative pronoun is to be taken from:

> *masc.*

Der Mann, der? mich gestern sah, ist hier.
> den?

The choice of *case* (nom. or acc.) only arises in the masculine gender here. In the relative clause '— mich gestern sah', the verb 'sah' has no subject. Therefore, the subject form 'der' must be used:

Der Mann, *der* mich gestern sah, ist hier.
The man who saw me yesterday is here.
Compare this example:

> *masc.*

Der Mann, der? ich gestern sah, ist hier.
> den?

This time the relative clause '— ich gestern sah' has a subject already ('ich'), so the relative pronoun must now be the direct object (Acc.):

Der Mann, *den* ich gestern sah, ist hier.
The man whom I saw yesterday is here.

Study the following passage and insert a relative pronoun (der, den, die or das) wherever there is a blank.

Mein Bruder, — in Hamburg wohnt, hat eine Schwiegermutter, — sehr nett ist. Sie wäscht die Teller und Töpfe ab, — Karl und Maria hinterlassen, wenn sie ins Kino gehen. Sie putzt das Badezimmer, — die Kinder mit Wasser bespritzen, und sie strickt für den kleinsten, — ihr Liebling ist. Eines Abends kam ein Mann, — sie nicht erkannte, zu der Tür. Er wollte die Adresse von den Leuten wissen, — früher in der Wohnung gewohnt hatten. Die Schwiegermutter, — nicht auf den Kopf gefallen ist, rief die Polizei an, — sofort erschien. Der Fremde, — sie für verdächtig gehalten hatte, lief weg. Einer der Polizisten, — die Schwiegermutter geholt hatte, erklärte, er sei der Dieb, — sie lange gesucht hatten. Sie fuhren schnell weg und ertappten den Mann, — an einem Straßenübergang wartete.

20 For once an air-pocket was welcome (130–150 words)

Herr Meier — auf der Flugbahn — sich unbequem fühlen — ohne — wissen — warum — mehrmals fliegen — eine kurze Strecke — London-Frankfurt — Sicherheitsgurt anschnallen — Dame auch nervös — Maschine — in die Luft steigen — hoffen — die Küste sehen — Wolken — über dem Kanal — Mann — Maske — Revolver — den Gang entlanglaufen — ein zweiter — in die Kabine — Pilot — nach Albanien fliegen wollen — Flugzeug — eine heftige Bewegung — zum Boden fallen — bewußtlos — erklären — zweiter Mann auch bewußtlos — Flugzeug in Frankfurt landen

Vocabulary

die Strecke zurücklegen: to cover the distance
das Selbstvertrauen: self-confidence
entrüstet: dismayed
Der Flugzeugentführer: hijacker
schleudern: to hurl
überwältigen: to overpower

Answer each of the following questions with a sentence in German:
1 Was mußte die Stewardeß machen, bevor das Flugzeug starten konnte?
2 War es Herrn Meiers erster Flug?

3 Was muß ein Passagier machen, bevor das Flugzeug in die Luft steigt?
4 Warum versuchte Herr Meier der Dame voller Selbstvertrauen zuzulächeln?
5 Wie war das Wetter über dem Kanal?
6 Warum war es gefährlich aufzustehen?
7 Wo hatte der zweite Mann gesessen?
8 Was ist ein Flugzeugentführer?
9 Warum machte das Flugzeug eine heftige Bewegung? (to hit an air-pocket: in ein Luftloch hineinfliegen).
10 Landete das Flugzeug in Albanien?

21 Everything but the kitchen sink (140–160 words)

Schön — über dem Grimselpaß fahren — Straße — eng, steil und kurvenreich — mit meiner Familie — im VW-Bus — Sonne scheinen — Auffahrt beginnen — zwei Frauen — Straßenseite — zuwinken — weder Rucksack noch Bergstiefel — mit italienischem Akzent — mitfahren dürfen — einladen — erklären — Mann vorausfahren — mit Wagen und Anhänger — nicht sehr kräftig — hinaufschleppen — per Anhalter fahren — Anhänger schwer — Kühlschrank und Sessel mitnehmen — Professor — Universität — seinen Komfort lieben — in die Berge fahren

Vocabulary

der Kulm: top, summit
geeignet: suitable

Grammar and exercises

Conditional sentences, omitting 'wenn'
Occasionally, a conditional sentence omits the conjunction 'wenn' (if), and this affects the word order. Here are two examples from the piece, each one given without 'wenn' and with 'wenn':

$\left\{\begin{array}{l}\end{array}\right.$ 'Fährt man nach links, dann erreicht man den Sustenkulm'
'Wenn man nach links fährt, dann erreicht man den Sustenkulm'
If you turn left, you reach the top of the Susten pass.

$\left\{\begin{array}{l}\end{array}\right.$ 'Biegt man aber rechts ab, so befindet man sich auf ...'
'Wenn man aber rechts abbiegt, so befindet man sich auf ...'
If however you turn off to the right, you find yourself on ...

Insert 'wenn' in front of each of the following, adjust the word order, and translate the result.

1 Wären wir diese Straße nicht entlanggefahren, hätten wir die beiden Damen nicht gesehen.
2 Nähme der Professor seinen Kühlschrank nicht mit, würde er seine Frau und Tochter im Wagen behalten können.
3 Ist man auf der Universität Professor, liebt man seinen Komfort.
4 Reist man in der Schweiz, muß man wenigstens Deutsch können.
5 Scheint die Sonne, hat man Lust, in die Berge zu fahren.

Translate into German:
1 We devoted two whole days to this part of Switzerland (Perfect Tense).
2 He was waving to me, but I did not stop.
3 I invited her to bring her sister along.
4 I hope that you can tow us up this steep road.
5 Because the caravan was so light, we were able to drive over the pass.

22 A hair-raising drive (100–120 words)

Englischer Assistent — deutsches Gymnasium — bei Familie Welkemann — zwei Töchter — etwas Kultur haben — nach Herrn Welkemanns Meinung — an einem Abend — nach Mannheim — in die Oper — sehr neblig — trotzdem — losfahren — mit Frau — komplizierte Autobahnen nehmen — ein paar Meter — hinter dem nächsten Wagen — sehr nervös — Oper nicht gern haben — ein Genuß — in Mannheim sein

Vocabulary

aufnehmen: to receive
bestehen auf: to insist on
vorhaben: to plan
das Autobahnkreuz: motorway intersection

Multiple-choice questions

1 Warum wohnte der Erzähler bei Welkemanns?
   a) Weil er Opernliebhaber war.
   b) Weil er als Lehrassistent tätig war.
   c) Weil er die ältere Tochter heiraten sollte.
   d) Weil er der jüngeren Tochter Englischstunden gab.

2 Woraus sollte ein ‚Kulturabend' bestehen?
   a) Aus einem Opernbesuch.
   b) Aus Englischstunden.

c) Aus einer Weinprobe.
d) Aus Filmen.

3 Was hatte der Erzähler gegen einen Besuch nach Mannheim?
a) Es regnete stark.
b) Mannheim — das ist nichts.
c) Frau Welkemann war zu nervös.
d) ‚Ariadne' war nicht gerade seine Lieblingsoper.

4 Was machte die Strecke nach Mannheim so kompliziert?
a) Das Autobahnnetz war hier sehr kompliziert.
b) Der nächste Wagen fuhr immer nur ein paar Meter voraus.
c) Herr Welkemann wußte den richtigen Weg nicht.
d) Die Straße ist immer in dichtem Nebel.

5 Was war für den Erzähler ein Genuß?
a) Mit 120 Stundenkilometern zu fahren.
b) Eine Oper von Richard Strauss zu hören.
c) Unfallfrei in Mannheim anzukommen.
d) An seinen Fingernägeln zu kauen.

23 The train is snowed up (100–120 words)

Unser Zug — fahren — Landschaft — sehr viel Schnee — bei
Mittag — schneien — wieder — langsamer — der Abhang —
emporragen — zu beiden Seiten — plötzlich — stehenbleiben —
das Gleis — eine riesige Schneewehe — blockieren — sich bewegen
— nicht mehr — Angst haben — Heizung — funktionieren —
essen und trinken — singen — es gab — Partyspiele — neun
Stunden später — andere Lokomotive — Köln — schleppen — die
meisten Passagiere — übernachten

Vocabulary

die Schneewehe: snowdrift
Sich bilden: to form
rutschig: slippery
der Ruck: jerk
die Nahrung: food
der Schneepflug: snow-plough
vorziehen: to prefer

Grammar and exercises

A *Verbs in –ieren*
There are a number of these verbs in German. They are weak, they

take no ge– in the past participle and many of them derive from
–er verbs in French.
In this piece are the following:
   blockieren (bloquer): to block
   funktionieren: (fonctionner): to work, function.
While most of these verbs now belong to the more formal, polite
language of the 18th and 19th centuries, the following are accepted
as good modern German:

   sich amüsieren — to enjoy oneself
   dirigieren — to conduct (orchestra)
   sich rasieren — to shave
   marschieren — to march
   fotografieren — to photograph
   buchstabieren — to spell
   kontrollieren — to check (tickets, passports)
   interessieren — to interest
   spazieren — to stroll
   studieren — to study
   regieren — to rule, govern

Change each of the following into the perfect and translate, e.g.
Er interessiert sich für alles —
Er hat sich für alles interessiert.
He has been interested in everything.

1 Die Jungen rasieren sich schon.
2 Ein Beamter kontrollierte die Fahrkarten.
3 Wir studieren eine Erzählung von Musil.
4 Felsenstücke blockieren die Straße.
5 Herbert von Karajan dirigiert das Orchester.
6 Ich amüsierte mich sehr bei den Partyspielen.
7 Der König regierte achtzehn Jahre lang.
8 Wie buchstabierst du das?

B *Adjectival nouns*
Some adjectives are used as nouns, e.g. (from the piece): der
Reisende: traveller; der Gestrandete: person who is stranded.
   Note that the adjective now begins with a capital letter and
carries the same ending that it would have if it were an ordinary
adjective with a noun following,
e.g. ein alter Mann→ein Alter.
   Not all adjectives can do this. Here is a list of the more common
and useful ones. The first one, being the most important, is given
in its various nominative forms.
   sing. der Deutsche/ein Deutscher/ die & eine Deutsche
   plur. die Deutschen /Deutsche.
   der/die Angestellte: employee

der Beamte (die Beamtin): official
der/die Bekannte: acquaintance
der/die Erwachsene: adult
der/die Fremde: stranger
der/die Kranke: patient
der/die Verunglückte: victim (of an accident)
der/die Verwandte: relative

Copy the following, completing the endings, where necessary, and translate the result:
1 Mein Vetter ist Angestellt– bei der Firma.
2 Viele Westdeutsch– haben Verwandt– in der DDR.
3 Ich aß mit einem Bekannt– zu Mittag.
4 Der Beamt– zählte die Kinder und die Erwachsen–.
Translate into German:
5 The stranded people were all strangers.
6 The casualty (victim) of yesterday is the patient of today.
7 The travellers were speaking to (mit) an official.

24 Under cover to Sicily (110–130 words)

Villa San Giovanni — bei Dunkelheit — verlassen — Führer Geronimo — zu Pferde — mein Tier — scheu — Licht von der Taschenlampe — kaum folgen — Erdrutsch — zu Fuß gehen — Pferd hinabfallen — verschwinden — auf Geronimos Pferd steigen — das Meer erreichen — Licht — Fischerboot — erblicken — warten — Kapitän — warnen — Soldaten — nicht weit weg — an Bord steigen — leid tun — sich verabschieden

Vocabulary

stockfinster: pitch dark
zaghaft: hesitant
beben: to bob
das Gleichgewicht verlieren: to lose one's balance
wiehern: to whinny
abstoßen: to push (a boat) off

Continuation material

Using the outline below, write a continuation of the story 'Under cover to Sicily', using about 180 words:
Fischerkapitän — Laterne — löschen — ,vor einer Stunde — amerikanisches Flugzeug — über die Straße (straits) von Messina — kreisen' — nach Unfall mit Pferd — ich — etwas seekrank — dem Kapitän — Whisky anbieten — unmöglich — in Messina

landen — Erdbeben — Stadt — beschädigen — im Hafen — die
Lage — chaotisch — Kapitän — vorschlagen — das Boot — nach
Süden — tragen lassen — hoffen — bei Taormina — landen — ich
— nachgeben — trotz meiner Übelkeit — Strecke — sechsmal
länger — mich erinnern — Erdrutsch — Pferd — plötzlich —
Geräusch — wie Donner in der Luft — denken — wieder das
amerikanische Flugzeug — aber — eine große rote Flamme —
erscheinen — aus der Dunkelheit — rechts — Kapitän — erklären
— ‚Ausbruch — vom Berg Etna — Amerikaner — diesmal — nicht
schuld.‘

25 Incident at the Wall — 1 (120–140 words)

Gegen drei Uhr morgens — Student — sich entlangschleichen —
dunkel gekleidet — die Mauer — hell beleuchtet — die Stadt
durchschneiden — Mutter und Bruder — hinter sich lassen — kein
Mensch zu sehen — wissen — Wachtposten — Wachtturm — auf
der Lauer — riesengroß scheinen — Kraft haben — dahinrennen
— hinaufklettern — Posten nicht gut aufpassen — hoffen

Vocabulary

sich einwickeln: to wrap oneself up
sich vorstellen: to imagine
eine verzweifelte Tat: a desperate act
bei weitem nicht: by no means

Answer each of the following with a sentence in German:
1 Man könnte Konrads Kleidung für ungewöhnlich halten.
Warum?
2 Was konnte er von der Tür des Gebäudes aus sehen?
3 Konnte er seine Mutter und seinen Bruder mitnehmen?
4 War Konrad die einzige Person hier, die nicht schlief?
5 Wer bemannte die Wachttürme?
6 Welches Hindernis befand sich oben auf der Mauer?
7 Konrad hatte aufgehört, Student zu sein. Was war er jetzt?
8 Warum wurde die Berliner Mauer 1961 gebaut?

26 Incident at the Wall — 2 (140–160 words)

Student — wählen müssen — entweder losrennen — oder sich
anschleichen — glauben — Posten — erblicken würden —
beschließen — möglichst schnell zu laufen — vielleicht nicht treffen
— zur Mauer hinlaufen — Schrei hören — nicht anhalten —
springen — Schüsse von rechts und links — Bein hinaufschwingen
— Kugel — in die Schulter treffen — sich über den Stacheldraht

schwingen — niedersinken — in die Beine treffen — vom Stacheldraht hängen — Stimmen hören — herunterholen — Mann in
Uniform — Freiheit erreichen

Vocabulary

schnurstracks: dead straight
mehr darauf bedacht: more concerned with
sich zwingen: to force oneself

Continuation exercise

Study the piece which follows, and which is a sequel to the story
'Incident at the Wall' *told in pieces 25 & 26.*
Note: 1) *that most of the verbs have been left in the infinitive,
with the instruction Pres. Imp. Perf. or Fut. after each
one. These verbs must be changed into the correct form
of the tense indicated.*
2) *that* twice *during the piece, two words have switched
positions within the same sentence, destroying the sense.
These must be discovered and changed back.*
3) *that some phrases have been deliberately left out, and
dashes inserted. The missing phrases are printed on the
next page, but not in the same sequence in which they
occurred in the original. They must be replaced.*

Konrad (verlieren, Imp.) das Bewußtsein. Als er wieder
(erwachen, Imp.), (sein, Imp.) er in einem großen hellen Betten mit
vielen Zimmer. Auf einem Stuhl neben seinem Bett (sitzen, Imp.)
——. Er (lächeln, Imp.) Konrad ermunternd zu.
‚(Dürfen, Pres.) ich Ihnen —— stellen? Wir (finden, Perf.) Ihr
Adreßbuch, und wir wissen, wer Sie sind. Warum (wollen, Imp.)
Sie Ostberlin verlassen?‘
Konrad (ansehen, Imp.) ihn mißtrauisch. ‚Sie glauben, daß ich
—— bin.‘
Der Mann (lachen, Imp.) ‚Ein richtiger Ausweg würde einen
Spion suchen, der weniger gefährlich ist.‘
‚Ich bin ——‘, sagte Konrad. ‚Ich (wissen, Imp.) schon vieles über
den Westen. Schließlich (können, Imp.) ich dort nicht länger blei-
ben. Ich (müssen, Imp.) hierherkommen.‘
‚Gut. Sie (weiterstudieren, Fut.) hier, wenn Sie wollen.‘
Konrad (danken, Imp.) ihm. ‚Wie kann ich meine Mutter ——,
daß es mir (gelingen, Perf.)?‘
‚Wir schicken ihr die Nachricht. Übrigens, was wollen Sie
werden?‘
‚Ingenieur. Hoffentlich (haben, Fut.) ich aber nichts mit —— zu
tun!‘

ein paar Fragen — ein Spion — Mauern und Grenzen — ein Mann im Zivil — wissen lassen — Student.

27 A nostalgic return to one's home town (100–120 words)

Von Südamerika — zurückfahren — meine Heimatstadt — wiedersehen — vorm Bahnhof — finden — Stadtzentrum — modern — im Krieg — zerstört — erkennen — Petruskirche — Teil des Rathauses — in der Kirche — immer noch — mittelalterliche Gräber — Fenster — modern — im Rathaus — das Museum — mit Gemälden und Uhren — bei Nacht — beleuchtete Brunnen — Lampen — Lichtreklamen — am Rheinufer — alles — wie vorher — sich fühlen — um 30 Jahre jünger — zu Hause wieder.

Vocabulary

auswandern: to emigrate
gemachter Mann: self-made man
Überraschung: surprise
das Ritterdenkmal: monument to a knight
Ehrfurcht: awe
Heimwehgefühl: homesickness
einmalig: unique
vermachen: to bequeath
verändern: to alter
plätschern: to splash
vernehmen: to hear
vorbeitreiben: to drift past

Grammar and exercise

The adjective alone with a noun
The adjective endings after 'der' and 'ein' were dealt with in the material after piece 5. The adjective can also stand alone with its noun, in which case it adopts the ending which 'der', 'die', 'das' etc. would have in the same circumstances:
Der Wein — guter Wein
Die Milch — frische Milch
Das Bier — kühles Bier
Die Häuser — schöne Häuser
Here are some examples from this piece:
'Als gemachter Mann': as a self-made man
'Modernes, abstraktes Glas': modern, abstract glass
'Mit wachsendem Heimwehgefühl': with a growing feeling of homesickness

'Moderne, beleuchtete Brunnen': modern illuminated fountains.
Copy the following, completing the missing endings:
1 Mein Bruder trinkt nur teur– Wein.
2 Prächtig– Häuserfassaden ragen empor.
3 Schön– Gartenanlagen versprechen ungestört– Ruhe.
4 Thomas hatte groß– Durst.
5 Wir möchten lieber frisch– Wasser trinken.
6 Auf grün– Gras spielen zufrieden– Kinder.
7 Modern– Städte haben kunstliebend– Touristen weniger anzubieten, als mittelalterlich–.

28 Through the mountain by car-train (190–210 words)

Hugo — seine Braut Irma — von Chamonix — in die Schweiz fahren — Hotel suchen — spät — müde — ein Schild bemerken — Autotransport durch den Lötschbergtunnel — benutzen — sich einen Umweg ersparen — Station Goppenstein — im Sonnenschein — auf den Zug warten — in Thun sein — bevor es dunkel wurde — Bekannte — übernachten — Zug ankommen — auf die flachen Wagen fahren — ein Dutzend Autos — in den Tunnel einfahren — immer schneller — Wind — sausen — fürchten — Koffer — wegfliegen — nach zwanzig Minuten — den Tunnel verlassen — überrascht — in Strömen regnen — lachen — zurückkehren — einen Kaffee versprechen

Vocabulary

der Handelsreisende: sales representative
die Unterkunft: accommodation
die Aufschrift: inscription, words
sich verlangsamen: to slow down

Continuation material

Using the following outline, write a continuation of the piece 'Through the mountain by car-train', *in about 140 words.*
Die Abladerampe — hinunterfahren — Auto — abstellen — in das Bahnhofsrestaurant gehen — Irma — zum Fenster — hinausblicken — Hugo — bestellen — Kaffee — Gebäck — Straßenkarte entfalten —, Thun — höchstens — eine Stunde Autofahrt — von Kandersteg — Isenschmidts — anrufen' — zum Telefon gehen — Nummer wählen — in fünf Minuten — wieder da — ,Kein Problem — erwarten uns — Abendessen.' — Bahnhofsrestaurant — verlassen — durch die Stadt — fahren — vor Blumenladen — anhalten — Blumenstrauß — für die Gastgeberin — eine halbe Stunde lang — durch den Regen — fahren — alle Autos — Scheinwerfer —

66

anschalten — den Thuner See erreichen — das Wetter — sich aufklären — genießen — einen herrlichen Sonnenuntergang — am Ufer — entlangfahren — um acht Uhr — erreichen — schöne alte Stadt Thun — bei Isenschmidts — ein herzliches Willkommen — finden — bei Kerzenlicht — essen — Brathuhn — trinken — einen ausgezeichneten Wein.

29 The fall of Königsberg (140–160 words)

Früher — Hauptstadt — Ostpreußen — Burg — Dom — besitzen — Binnenhafen — sechs Jahre alt — jeden Abend — in den Luftschutzbunker — Bombenangriffe — Vater nicht da — gegen die Russen kämpfen — Stadt — schwer beschädigt — hören — die Russen sich nähern — Vater — erscheinen — Urlaub haben — nach Berlin begleiten — tausende von Leuten — am Bahnhof — mit dem Zug entkommen — auf den Bahnsteig durchlassen — hinausdampfen — Heimatstadt — zum letzten Mal — alles unsere Schuld — zerstören — die Überreste von der Stadt — heutzutage — leben — nur eine Erinnerung

Vocabulary

der Schutt: rubble
zerstört: ruined
überrennen: to overrun
in Brand setzen: to burn down

Answer the following questions in English:
1 What was Königsberg before 1944?
2 What kind of city was it?
3 Why was the author's father not at home?
4 Where did the family spend most nights, and why?
5 How did the bombing disrupt the running of the trams?
6 Why did the family decide to leave Königsberg?
7 What state was the city in, at that time?
8 What were the two pieces of good fortune that helped the family to flee?
9 What did the author's father say, that the child did not understand?
10 Why does the author say that they got away just in time?

30 An unusual way to locate missing persons (120–140 words)

Am Hauptbahnhof — Passagiere — in Automaten — sich fotografieren lassen — sich hinsetzen — es blitzt — warten — ein paar

Minuten — Bilder — entwickelt — einige — Bilder in die Tasche stecken — viele — sie wegwerfen — Künstler — Max Hoffgen — ein ungewöhnliches Hobby — weggeworfene Bilder — sammeln — auf ein Brett kleben — Plakate davon machen lassen — verkaufen — neulich — Dame — kommen — auf einem seiner Plakate — ein Bild — von ihrem verlorenen Sohn — wo — dieses Bild — gefunden? — zum Bahnhof gehen — Max — ihr den Kiosk zeigen — erzählen — der Polizei — melden — den Jungen finden — am Bahnhof — Zeitungen — verkaufen

Vocabulary

verlegen: embarrassed
die Öffnung: delivery chute
enttäuscht: disappointed
Überreste: remnants
unbeholfen: awkward
beschwörend: beseechingly
Fetzen: scraps
Fundbüro für Vermißte: missing persons' register

Translate into German:
Last year I had to have my photo taken, because I wanted a new passport. If you go to a camera shop, it costs quite a lot. I preferred to sit in one of those kiosks which you find on the larger railway stations.

I put the coin in the slot and sat down on the round seat. The flash went off four times, while I faced the front. It didn't take very long, in fact. Then I had to wait outside, by the delivery chute. The machine took about three minutes to develop the pictures, although it seemed to be three hours. I was of course disappointed when I saw them. On one picture I was smiling, but the other three were terrible. In the end I went to the camera shop and had my photo taken there. It costs more, but the pictures are a thousand times better.